青少

会说才能赢

演讲

谢伦浩 龚 翔 / 主编

辽宁人民出版社

图书在版编目（CIP）数据

演讲 / 谢伦浩，龚翔主编. —沈阳：辽宁人民出版社，2014.1（2024.1重印）
（会说才能赢）
ISBN 978-7-205-07845-4

Ⅰ. ①演…　Ⅱ. ①谢…　②龚…　Ⅲ. ①演讲—语言艺术　Ⅳ. ①H019

中国版本图书馆 CIP 数据核字（2013）第278580号

出版发行：辽宁人民出版社
地址：沈阳市和平区十一纬路 25 号　邮编：110003
电话：024-23284321（邮　购）　024-23284324（发行部）
传真：024-23284191（发行部）　024-23284304（办公室）
http://www.lnpph.com.cn
印　　刷：辽宁新华印务有限公司
幅面尺寸：160mm × 230mm
印　　张：9.75
插　　页：1
字　　数：130千字
出版时间：2014 年 1 月第 1 版
印刷时间：2024 年 1 月第 3 次印刷
责任编辑：孙婺娇
装帧设计：丁末末
责任校对：吴艳杰
书　　号：ISBN 978-7-205-07845-4
定　　价：48.00元

编委会

主　编　谢伦浩　龚　翔

编　委　袁送荣　吴　晓　黄岳春　欧阳倩

朱立平　黄　莹　陈　杰　方　言

前　言

说话是一门艺术，更是一门高超的语言表达艺术。

古今中外很多卓越的口才大师凭借着超凡的说话能力往往是胸藏百汇，舌吐风雷，振臂高呼，应者云集，挽狂澜于既倒，助巨浪而前行。他们的口才表达能力具有神奇的感染力、说服力和鼓动性。

战国时的苏秦依仗三寸不烂之舌，游说东方六国，身挂六国相印，促成合纵抗秦联盟；三国时诸葛亮出使东吴，舌战群儒，终于说服吴王孙权和都督周瑜联刘抗曹，大破曹兵；周恩来总理多次在谈判桌上，以他那闻名世界的铁嘴挫败敌手，捍卫祖国尊严……无数事实说明，说话艺术能发挥改天换地、惊天动地的巨大作用。

在现实生活中，改革开放的政治形势和现代信息化社会环境，使信息量增大，信息流传加快，口才交际机会增多，说话表达场合拓宽。理论家崇论宏议，情动四海；军事家侃侃而谈，不容置喙。此外，企业家的谈判，营业员的推销，学者的交流都要有非凡的说话技巧。正因为如此，说话艺术作为一种宣传真理的好工具，获取信息的好途径，扩大联系的好机会，求知学习的好渠道，锻炼口才的好方法而受到人们特别是青少年朋友的重视。我们曾看到不同行业、不同年龄、不同层次的人们置身讲坛，英姿焕发，即兴而说；他们或大声疾呼，力陈改革之策；或纵横畅谈，议论美好前程；或热血沸腾，讴歌伟大祖国；或慷慨陈词，痛斥不正之风；或精细剖析，阐明人生哲理……声情并茂，鞭辟入里，令人难忘。

说话是一门艺术，也是一种技术。包括演讲之术、论辩之技、幽默之法、交谈之策、对话之谋……作为技巧，是可以通过后天的训练而习得的。为了提高读者朋友的说话表达能力，我们编写了这套《会说才能赢》说话艺术丛书。丛书共6册，分别为《演讲》、《论辩》、《幽默》、《对话》、《妙答》、《奇辩》。本套丛书讲求实用操作性与知识趣味性的统一，它可以作为读者朋友提升说话能力技巧的专业读物，更是对演讲、论辩、幽默等语言表达艺术情有独钟的青少年朋友的良师益友。

相信这套丛书的出版能促使你成为一个：

有卓越技巧的人，

有优良品质的人，

能适应时代、影响社会的人。

《会说才能赢》编委会

2013年10月

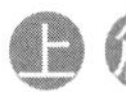

理论指导篇

技巧方略篇

演讲

上篇　理论指导篇

巧释概念，揭示事物本质

概念是客观事物的本质属性，是该事物与其他事物的区别与联系。客观事物的存在总有其与他事物的共性和个性。我们不会因为它们之间的共性而将一切事物混为一谈，这就是事物个性的使然。

每一类事物都具有许多属性，其中有些是本质属性。所谓本质属性就是决定该事物之所以不同于其他事物的属性。在即兴演讲和说话中，人们必须克服在认识客观事物时的杂乱无序和思考问题时的繁冗纷杂。此时，可运用概念对客观事物进行分门别类，把具有相同属性的事物组成一类，把具有不同属性的事物放在一类，这样在表达时就能把那些并列、交叉甚至矛盾的事物区分开来。浅显简单地举个例子，只有弄清了电器的概念，才能将电器和其他带“电”的东西区别开来，就不会把电报、电子邮件、电子汇款跟诸如电视、电扇、电冰箱等电器混为一谈了。

即兴演讲和说话中准确使用概念，要做到以下几点。

首先，概念要明确。概念明确就是指能够正确抓住事物的本质属性，它是一切正确思维的前提条件，也是思想交流的必需因素。毛泽东同志在《关于正确处理人民内部矛盾的问题》中曾有这样一段：在我国现在的条件下，所谓人民内部的矛盾，包括了工人阶级内部的矛盾，农民阶级内部的矛盾，知识分子内部的矛盾，工、农两个阶级之间的矛盾，工人、农民同知识分子之间的矛盾，工人阶级和其他劳动人民同民族资产阶级之间的矛盾，民族资产阶级的内部矛盾，等等。我们的人民政府是真正代表人民利益的政府，是为人民服务的政府，但是它同人民群众之间也有一定的矛盾……这种矛盾也是人民内部的一个矛盾。一般说来，人民内部的矛盾，是在人民利益根本一致的基础上的矛盾。在这段话中，毛泽东不惜言辞将人民内部矛盾这一概念阐述得清清楚楚，使任何一个不懂政治的人都能够明白了“人民内部矛盾”这一概念的实质。这就是说话概念的明确。

其次，要准确地把握概念的内涵和外延。概念的内涵就是指概念的含义，也就是说明概念所反映的是什么样的事物；概念的外延就是指概念的适用范围，也就是说概念反映的是哪些事物。比如“人”这个概念，它的内涵就是能制造工具并使用工具进行劳动并且具有独立思维能力的高等动物；它的外延就是指古今中外各种不同肤色、种族、年龄、性别的人。分清了事物概念的内涵和外延，在说话中才不会出现分寸掌握不准、概念含混不清的问题。例如下面一则玩笑中，作为丈夫的先生故意偷换概念，曲意理解，使得谈话妙趣横生。夜间，一先生与妻子看电视，广告节目时间，妻子到阳台上拿东西。“有贼！”忽然一声惊叫，妻子跑了过来，死死地抱住先生，浑身发抖。小偷仓皇逃走，看着妻子，先生说“哦，亲爱的，你抓错了。”先生一句幽默的“抓错了”，既缓解了妻子的紧张情绪，又使得谈话具有十分强烈的幽默色彩。

第三，要弄清楚概念间的关系。逻辑学中把概念的关系分为相容关系和不相容关系。相容关系的含糊是即兴说话中常常遇到的思维障碍。如相容关系中的同一关系“中国改革开放的总设计师邓小平同志”和属种关系“家禽”、“鸡”，交叉关系“大中专院校”、“重点大学”，这些概念的含糊不清常常导致在说话中弄错对象，把甲说成乙，或把甲事卷入乙事，造成对听众的误导。毛泽东同志在《中国共产党在民族战争中的地位》中有这样一段话：自私自利，消极怠工，贪污腐化，风头主义等，是最可鄙的，而大公无私，积极努力，克己奉公，埋头苦干的精神，才是可尊敬的。这

段话，毛泽东巧妙地运用了几组相反的概念，对比明显，态度明朗坚定，具有很好的表达效果。

正确推理，导出真实结论

推理是由一个或几个已知的判断得出的一个新的判断的思维形式。

一个人对于客观世界的认识，一部分来自于客观实践，另一部分则来源于非客观实践活动，因为任何一个人对于每一件事都不可能“事必躬亲”。因此，推理在实践和生活中的作用非常重要，它是我们获得新知识的重要渠道。

一个人的思考需要推理，一个人的演讲说话同样也需要推理，特别是在逻辑性很强的即兴演讲与说话中。

有一次，日本新日铁公司给我国宝山钢铁公司寄来一箱材料，清单上写明资料有 6 份，但是开箱清点后才发现只有 5 份，于是宝钢的同志就向新日铁公司驻宝钢联络组进行交涉。双方为此进行了谈判。日方说：“我方提供给贵方的资料，装箱时都经过几次检查，不可能漏装。”言外之意是中方宝钢公司的职员弄错了，拒绝提供第 6 份资料。宝钢同志则说：“我们开箱时有多人在场，开箱后又经过几次清点，是在确定材料缺少后才向你们交涉的。”双方各抒己见，都坚持自己的观点不肯让步，谈判一度陷入中断。后来，宝钢方面列举了资料缺少的三种可能情况：或是日方漏装，或是运输途中散失，或是我方公司开箱后丢失，三者必居其一。日方公司也同意这种分析。在中日方都认定的这三种情况下，中方公司运用推理的思维方式，一步一步地导出文件缺失的理由。中方指出：“如果资料是在运

输途中散失的，那么木箱肯定会有破损，现在木箱完好无损，所以运输途中资料不会也不可能遗失。如果日方没有漏装的话，那么资料就必定是我方遗失了。那么木箱上所印的资料的净重就会大于现有 5 份资料的净重，而现在木箱上所印的净重正好等于 5 份资料的净重。所以资料不是我方开箱后丢失的。”在这种严密的推理条件下，日方无奈，只得同意发电查询。查询得知，果然是日方漏装了一份资料。

在上一例子中，日方断然否定漏装的可能性，其理由是装箱要几经检查，因而不可能漏装。这一理由有其合理的一部分，但是不充足，因为即使要经过几次检查，也不能绝对排除漏装的可能性。问题在于，日方的这一论证不太好从正面推翻。所以中方只能采用从侧面入手的思路，一层层推理，使得论证具有充分的可溶度，使双方都能承认。这就是说话中推理思路的客观效力。

还有一个类似我国古代“白马非马”的无理推理。斯底尔波（Stilpo，公元前 324 年以后生活在麦加拉），欧克里德的另一名学生，麦加拉学派的主要代表人物之一。他以辞言巧舌而闻名，以至全希腊的人受他的影响很大，有人戏称“差一点因为他而使全希腊人都有麦加拉化的危险”。下面是关于他的一段引文：不可能对个体事物建立一般概念，不能说这是合理的：“苏格拉底是一个人”——特有的人不是“人”。（转引自杨百顺《西方逻辑史》第 33 页）。在这里斯底尔波将概念故意混淆，借口个别与一般之间的差异和对立而否定其统一和同一，使一切判断和推理不可能成立。按其理论，从个别之中推不出一般的、共同的本质。

从上可知，在说话中运用推理来进行论证，可以言简意赅，令人信服地说明道理，证明观点，收到理想的说理效果。

当然，运用推理不能违背逻辑规律，否则，就可能弄巧成拙，不但不能说明道理，反而还会出现逻辑错误。

工于命意，提炼中心论点

在演讲中，中心论点之重要，犹如一个人的躯体与灵魂。中心论点阐明了所说的核心与求证的目的和方向。因此，获取中心论点，进行锤炼，选好角度，安置有素，将构成讲话成功的关键。

一个人的讲话首先要亮出自己的观点，观点明则道理清，观点暗则道理昧。常常会遇到这样的情况，当你看过一篇评论文章后，人家往往要问你："在观点上成不成立？"某人作了一个报告，往往也会问周围的人："我的观点有没有毛病？"针对某个问题展开争论，发言者也会情不自禁地问同伴："我的观点怎么样？"上述种种情况表明：人们在当面说理或说话的过程中，对其论点总是非常重视的，因为"论点是第一位的东西"。同时，论点提炼得深刻与否，还表明了文章的深度如何，因此古人主张"工于命意"。

从说话者的角度说来，中心论点是说话者的见解和主张，表明了说话人的立场、观点和方法。从说话内容来说，论点是整个内容的中心和统帅，说话的主旨也就是赞成什么，反对什么。

从思维方面考虑，论点是在"论据"的基础上形成的；但表现在具体的说话实际中，论点一经确立，它又反过来对论据起着支配和统帅作用，并让"论据"为它服务，让论证挖掘它与论据间的逻辑作用。

中心论点的提炼与选择并不是杂乱无章、毫无原则的。对于论点本身，有如下几个要求。

1. 论点正确。中心论点正确是说话者说话成功的关键。试想，如果一个说话人的言论建立在一个错误的论点上，那么他说得越多就越错误，他所说的一切根本就不可能准确而科学地反映客观事物的本质，不能揭示其中蕴含的科学道理。论点正确，才能使听众心服口服，才能从根本上真正打动听众的心，让听众理解你、信服你、支持你、赞同你。

2. 论点要集中。所谓论点集中就是要能抓住事物的要害，把握其主要矛盾。表现在具体的说话实际中，中心论点最好不要分割，要放在一处，尽量用一句话或是几句话明确地表达出来，这样才能使听众明白你真正需要阐述的意图。如笔者在《教师——人类灵魂的工程师》的演讲中就采用此法，直接升华主题。这段文字摘录如下：不要我再说了，朋友们。教师是平凡而伟大的，他们的理想在三尺讲台上闪烁出夺目的光彩。我庆幸自己是一个人民教师，我为自己所从事太阳底下最光辉的职业而骄傲自豪！在这里我要顺便告诉大家的是，我的爱人也在教育工作岗位，我的弟弟已考进了师范院校，我还为我 3 岁半的儿子设计了一个做教师的光辉蓝图。我们愿做蜡烛燃烧自己照亮别人；我们愿做绿叶默默生存点缀人生；我们愿做渡船迎着风险送走人们；我们愿做铺路的石子，为了一代又一代新人的崛起铺筑成功的跑道！

3. 论点要新颖。论点新颖就是说话者的思维不因袭前人，面对一件事物能够独辟蹊径，提出新的见解和观点，得出与众不同的结论，给人以新的启迪和新的收获。论点要新颖，并不是只有面对新事物才有新的中心论点，面对旧的事物，从另一个角度，我们也能得出新的观点。例如对于一些成语的翻新理解：见异思迁——见异思迁有眼光；见风使舵——见风必须使舵（船才能行得更快）；班门弄斧——弄斧必须上班门（才能提高得更快）。还有一些俗语，学海无涯苦作舟——学海无涯巧作舟；人多好办事——人少也能好办事，人少更能办好事；不敢越雷池一步——要敢于越雷池。

选题正确，构思脱颖而出

大凡演讲总有一个特定的演讲范围，只是范围有大有小罢了。

一般说来，生活中常用演讲如大会演讲、祝词、贺词、悼词等范围比较灵活，一些为听众所喜爱、所关心的话题均可选择；一些带有较浓厚专业色彩的演讲如军事演讲、外交演讲、法律演讲、学术演讲等讲题相对确定些，灵活变动的范围不是很大；赛事演讲的命题范围有两种，有些活动余地很大，有些活动余地很小。无论是什么类型的演讲和说话，范围宽或范围窄，选题时要做到几点：立足时事热点，抓住社会焦点，适合听众论点，寻求奇特的激发点，讲出新颖的观点，这样你的构思才能势如破竹，说话才似黄河之水滔滔不绝。只有选题不拘一格，你的演讲或说话才能脱颖而出。

在一次以“交通安全在我心中”的即兴演讲比赛中，有一位演讲者分析这一主题后，估计到很大一部分选手可能仅立足于“人们交通安全意识淡薄而产生的危害”这方面选题。演讲中展示在听众面前的可能是一幅幅骇人听闻、惨不忍睹的血腥事件。这样，几十名选手讲下去，听众会骇得喘不过气来，时间长了，就会产生倦怠情绪。思索之余，该演讲者从新的角度出发，选准现实生活中很多人不理解交通安全，以致不理解交通警察的现象，确定以《奉献与理解》为题，通过赞颂默默无闻为祖国、为人民在自己工作岗位上辛勤耕耘的一代交通警察，呼唤人们理解、支持他们。这位选手的演讲构思新颖，使演讲如一缕春风，赢得听众的一致好评。

演讲的题目是演讲开头的“开头”。演讲的题目要立意精当而深刻，文字新颖而优美。演讲前不论是自己说出的题目还是主持人介绍的题目，均要能让听众“一听便知，过目不忘”。这就要求题目的确定要简洁、新奇、意远。题目太长，听了、论了后面忘了前面；太旧了给人一种“旧瓶装新酒”之感，提不起精神。还要注意的是除了一些政治性类型的演讲与一些篇幅太长的演讲外，最好在演讲中不要出现小标题。

可以从以下几个方面构思题目。

1. 题目要具体生动，不要太长。像“未来的思考”、“伟大的历史，光明的未来”、“缔造现实，开拓未来”、“奋起吧，人们”，显得太空荡，演讲时只能东扯西拉，随意漫游。

2. 要充分运用修辞手法，打破常规，体现新意。

比喻法:《豆芽菜的苦恼》、《共和国的“脊梁”》、《祖国——母亲》、《人民——上帝》。

设问法:《人才在哪里？》、《良心何在？》。

反问法:《如此“公仆”怎能服务人民》。

呼告法:《救救孩子！》、《救救黄河！》。

引用法:《“小狗也要大叫”》、《“捧着一颗心来，不带一根草去”》。

对比法:《生与死》、《奴隶与将军》。

婉曲法:《1+1=1》、《进攻 3800 高地》。

3. 着眼“只言片语”，要求题目简洁。从字面上说当然是以最少的字数表达最深广的内容。只言片语的题目又简单，又醒目，又好记。如《路》、《美人》、《博》、《选择》、《责任》、《根》。

4. 感情浓缩其中。在演讲开头报上一个感情浓烈的题目，以引起轰动效应。如:“‘慈母手中线，游子身上衣’，每当我读到这句诗，我这个远方的游子总会油然而生一种对母亲的牵挂之情。我不能回到母亲身边，只能诉感情于言语，寄托对母亲的融融祝福。这里，我给大家演讲的题目是

《妈妈，您听我说！》。”这种类型的题目还有很多，如《祖国，请相信您女儿吧！》、《为了我们的父亲！》等。

俗话说得好“题好文一半”，作文如此，说话、演讲也是如此。一篇好的题目也就是一个好的构思，选好题目也就是选择了一种好的构思方法。只有选择正确，构思才会脱颖而出，说话也就能滔滔不绝了。

确定主题，树立说话统帅

在整个即兴说话构思中，主题的构思是非常重要的。因为主题不仅是说话中最重要、最关键的内容，而且是整个即兴说话表达阶段的根本依据。说话中的每一个层次、每一个段落、每一句话语，甚至每一个词都反映着一个意思，而这些意思，又都统帅在主题之下。主题一旦确定，便为材料的增删取舍限制了条件。

主题的表达有其明显的特点。第一，鲜明性。是指主题在全篇说话中显露得格外清楚，没有吞吐和含糊，听众可一“耳”了然。欲以主题之昏昏而使听者之昭昭，是达不到说话的目的的。第二，唯一性。顾名思义，一篇说话只能是一个主题，所谓多中心便是无中心，一篇说话的主题，只能以一个方面的思想、问题或事物为重点，不能既“说明”又“赞美”，还要“抨击”。当然，也有少数说话中有时也存在多个主题的现象。但毕竟是少数。第三，凝缩性。说话中的许多材料，其中每一则材料甚至每一句话，都可以具有具体的思想，反映具体的问题或具体事物。实际上，话中的每一个具体思想、问题和事物，都是该话的基本思想、主要问题或主要事物派生出来的，都是主题的具体体现。

基于以上几点，即兴说话时要寻找触媒，临场引发，及时提炼出正确而健康、深刻而新颖、典型而突出的主题。

下面介绍几种常用的提炼主题的方式。

临场触发式：所谓临场触发式就是着眼于临场中的某一客观实物的特点与本质，并由此进行主观任意的联想，立即闪现出一种不平常的情绪，然后把它表之于外。如有一位演讲者总这样开始他的演讲："看到刚才这个演讲者做了一个双手合十的动作，不禁使我想起了我们的佛教，想起了佛教历史的源远流长……"

胚芽孕育式：当我们置身于一些演讲会、座谈会、迎送会等场合时，常常受到当时气氛的影响，看到别人滔滔不绝、侃侃而谈，自己也想说几句。而怎么说呢？主要得力于别人的表达，从别人的表达过程中找到话题，孕育主题。这就是胚芽孕育式。这种方式要新颖独特，发人之未发，言人之未言，在别人的表达中萌发一个新的观点，才能收到良好的效果。

问题凝炼式：问题是主题形成的摇篮。在许多情况下，没有问题，就不能提炼主题。在一些公共场合，别人都说了几句，而自己正襟危坐，怎么办？此时金口不开不行。于是向自己提出一连串的问题：怎么办？说什么？怎么说？……有价值的主题往往就产生于有价值的问题之中。

角度更新式：对同一个问题，从不同的方面去表达，使之角度翻新，表达出众。比如同时以"小草"为题进行即兴演讲，平常者可能立足于"小草默默无闻，造福人类"这一角度进行表述；而灵变者则想到"小草逆来顺受，软弱无能，不思反抗等特征"，即兴演讲，别有一番风采。

选题别致，说话精彩迷人

大凡即兴演讲与说话，都有一个特定的选题范围，只是范围有大有小罢了。于是就存在一个选题的问题。选题的好与坏将直接关系到整个说话的开展，因为题目一旦确定，就好比一列车厢安上了车头，将带动整辆列车前进。因此，这个方向盘一定要牢牢把握住。

一般说来，生活中的即兴说话或发言如大会演讲、祝词、贺词、悼词等选题范围比较灵活，一些为众人所喜爱、所关心的话题都可以选取。但一些带有较浓厚专业色彩的说话，如军事、外交、法律、学术等场合的话题，就要特别注意，其灵活变化的范围不是很大，这样的内容一般都比较正规，而且场合也非常正式，气氛相当严肃，在这样的背景下，谈话人在选题时也要用严谨的态度来面对，切不可轻浮或散漫，应当选用严肃、正规的题目。倒是一些赛场性即兴演讲的命题范围一般都比较明确，要么严格限制了条件，要么干脆给出题目，选择的余地不大，但只要有选，就要选好，选别致。总之，选题的范围无论是大还是小，选题时都要做到以下几点。

1. 选题时应立足时事热点，抓住社会焦点。这是一个大背景，大的出发点。大家都生活在这个社会，而一个社会总有一个社会独特的主流思潮，反映到每个人的生活当中则表现为他们看待和评价周围事物的标准，于是出现了社会公德。所谓热点、焦点问题，便是社会公德与社会某些具代表性事物相结合的产物。因此，我们说这是大众心理，说话人不得不考虑这个因素，有句话说得好，“众怒难犯”嘛！

2. 选题时要做到适合听众论点。毫无疑问，即兴说话当然是为听众而说，说给听众听，因而要顾及听众的感受，尽量适合听众。不同的场合，有着不同的听众。大众化的场合，用大众化的题目，然而个别特殊场合，则另当别论了。比方说，在一所小学谈关于文明礼貌的问题，就没必要在理论方面大谈特谈，因为这些过于抽象，小朋友也许理解不了，倒不如直接说："礼貌用语怎么说"来得具体。

3. 选题时应寻求奇特的激发点，以讲出新颖独到的观点。这是选题的关键所在。如果没有奇特的激发点，题目显得平庸俗气的话，就会一开始便在听众心里留下不好的印象。因为他们认为一个不能为自己演讲取个好名字的人说不出什么更好的东西。

有位演讲者参加了以"交通安全在我心中"为主题的演讲比赛。他分析了这个主题之后，感觉到可能很大一部分选手会立足于"人们交通安全意识淡薄而产生的危害"这方面材料，展示在听众面前的可能是一幅幅骇人听闻、惨不忍睹的血腥事件。这样，十几名选手讲下去，听众会听得喘不过气来，时间长了，会产生一种知觉的倦怠。考虑之后，他想从新的角度去表达。于是他选准现代生活中很多人不理解交通警察，以致使交警的工作举步维艰，如果全社会都来理解交警，支持交警的工作，交通事故将会减少。他斟酌再三，确立了以"奉献与理解"为题，通过赞颂交警默默耕耘，为祖国、为人民无私奉献的精神，呼唤人们理解交通安全工作。他的演讲为比赛吹来一股清凉的风，赢得了听众的热烈欢迎。

关于话题，最普遍的误解是：只有那些令人兴奋刺激的才是值得一谈。因而便是探索枯肠，想一些奇闻，惊心动魄的事迹，或是令人神经错乱的经验，以及不堪入耳的情形。这一类话题，虽使一般人听起来最有趣。但这类事情到底不多，有些轰动社会的新闻，根本不用等你来讲别人就已演讲过了。其实，任何题材都是良好的谈话材料，只要我们在日常生活中多加留意的话，你可以谈食物、谈饮料、谈天气；你可以谈生命、谈

爱情；你可以谈同情心、谈责任感、谈真理、谈光荣；你可以谈证券市场、谈流行服装；你可以谈足球、篮球、羽毛球……

创新主题，令人耳目一新

创新已成为时尚的追求，每一位即兴说话者都渴望自己的说话能有所创新。在即兴说话构思过程中，创新已作为一种要求和目标，激励说话人为创新主题而不懈思索。

首先，我们来看一下创新主题的途径，一是从新材料中引出新主题，一是从旧材料中引出新主题。其中，从旧材料中引出新主题主要依靠新的方法。于是又引出对于如何实现创新主题的方法的大讨论。这些方法主要有以下三种。

1. 钩沉发微法。即兴说话中用到的材料一般都是习以为常的事物，这里要求针对这一事物现象，发现人们向来并不注意的本质意义，从而确定更新颖主题的方法。某些常见的事情，并不符合实际，但往往被当作正确的东西长期相传，浮在面前，人们也并不认真加以追究，而对那些事理的正确认识，却沉到了生活的最底层。如果把它们钩出来，确定为主题，自然能够突破习见或传统看法，使听众耳目一新。

2. 角度变换法。艺术摄影不算从正面平视的角度拍摄，镜头可侧，可背，可仰，可俯；可以逆光，可以顺光。只有这样才能拍摄出不同特点的照片。从同一则材料中发现不同的主题，也需要这种艺术，这就是角度变换法。苏轼的“横看成岭侧成峰，远近高低各不同”这句诗，很形象地说明了这种方法的奇特作用。任何事物的内部结构都比较复杂，外部情况也是多种多样，因而同一事物除了具有正面基本意义之外，还具有许多旁引乃至反面性的意义。因此，在构思过程中就可以从多角度引出众多主题进行充分选择，避开俗题。

3. 知识杂交法。即把自己熟练掌握的不同学科中相对独立的知识或问题结合起来，使之构成一个新的研究题目进行研究，从而引出全新的观点的方法。这也是学术研究选题创新的重要方法之一。在即兴说话当中，针对那些比较客观的材料和标题，构思的时候应将这些感情的东西渗入到个人的生活经历或经验以及自己的文化知识中，这样一来，你已赋予这个题材新的内涵。于是，这个主题便在无形中产生了新意。

但是要值得注意的是，我们这里谈的创新，只是在已选好材料的情况下，其实材料的选择对创新而言，也有着极为重大的作用。因此，即兴说话者应全面把握，谨慎构思。

整枝修叶，框定逻辑结构

人类的思维，常以一种思维为主，其他思维方式为辅。例如小说家、诗人、画家在进行创作时，主要运用形象思维，但又需要逻辑思维与灵感思维的参与，这样才对他们的艺术创造更有利。但是演讲者或说话人在演讲和说话时主要运用逻辑思维，在论辩赛中更是如此。

有很多人在进行说话构思的时候却有意无意地忽视了逻辑结构的安排问题，他们或是滔滔不绝，信马由缰，或是期期艾艾，半天吐不出一个字儿。前者是因为对整个说话没有整体的思考，没有一个清晰的思路，于是信口开河，说到哪里就是哪里。后者是对整个说话内容仅仅考虑好了一部

分，然后就硬着头皮上，说多少算多少。

逻辑思维安排得当，能使说话思路按照一定的规范进行，取得构思的最佳效果。一个人的思维形式无非是两类，一类是自由的，另一类是有控制的。说话思维不言而喻是一种“有控制”的思维活动。在说话构思中，信息作为思维的对象，被一次次加工直至思维者本人满意。这也就是“有控制”的思维特征之一。我们掌握了说话的逻辑结构，实质上也就是掌握了即兴说话的“有控制”的思维，在这种条件下，说话人的逻辑结构就会取得最佳效果。

要把讲话内容的结构安排好，使人听起来有条有理具有层次感，必须删去一些与主题无关让人听着觉得繁冗的细枝老叶。其次就是要把各条小理安排得体，使整个理群得到最佳组合。

1986 年，全国举行的十城市青少年演讲邀请赛中，长春队与武汉队就传统戏曲唱段配电子音乐的得失好坏的专题论辩，就很有代表意义，例如其中的一段：

［**甲方**］主辩：传统京剧加进电子音乐之后，我看不出京剧的传统味道。至于京剧的传统到底是什么，我也不知道，京剧改革，究竟该怎么改，我也答不出来，因为我从未考虑过这个问题。

……

［**乙方**］助辩：……我们认为，传统的京剧艺术之传统特点有三个方面：第一，就在于它的写意性。所谓写意性就是“三五人千军万马，七八步走遍天下”。它不需要真实生活中那么多人，那么多景，演员腿到、口到，观众也就清楚了。加入电子音乐，不但没有破坏这个特点，而且由于电子音乐的丰富表现力，使这个写意性得到更为可靠的表现手段。第二，是它固定的表现程式。没有因为加入电子音乐而使演员的马步变为牛步，也没有使手中的马鞭失去它的作用。第三，是它固定的唱腔。方才已讲过，电子音乐的广泛表现力完全补充了京剧伴奏三大件阳刚有余、阴柔

不足的缺点。这就是说，加入电子音乐，既没有破坏京剧的写意性，也没有破坏它的固定的表现程式和唱腔，甚至使京剧艺术更加符合现代人的欣赏习惯和心理需求，我们为什么不为这种改革尝试拍手叫好，反而评头品足，甚至泼冷水呢？

从论辩中说话的思路来看，很明显乙方的思路很清晰，面对甲方对传统京剧艺术“不知道”、“不清楚”、“也答不出来”的三个毛病，乙方思路明晰，成功地从三个方面把握了“中国京剧艺术传统”的内涵，有理有据，逻辑结构清晰，有力证明了“加入电子音乐伴奏，不会失去京剧艺术的特点”的论点。两方相照，乙方在论辩中占据了上风，赢得了主动。

精巧选材，即兴演讲关键

成功的即兴说话虽然不是完全由题材所决定的，但好的题材毕竟是促使即兴说话成功的一个重要前提条件。题材不好，不具应有的价值，即使说得再好，只能是一般性的说话，而称不上一篇上等的演讲。当然，抓好题材不是件轻而易举的事情，但只要在演讲构思的过程中狠下求新求异的功夫，是完全可以抓到好题材、构思出好的演讲的。

即兴说话时，主题确定后，快速选材与组材显得更为艰难与重要。从内容角度来说，材料可分为客观性材料与主观性材料。客观性材料即客观事实，带有实体性。它包括具体的事件、人物、景物、器具、数据等；主观性材料，即人们的认识与观点，带有观念性，包括理论、常识、看法、想法等。根据即兴说话的特点，选材时要做到注意具体性、客观性与可行性，尽量选取具有明显个性、高度概括、客观实在、灵活生动等的材料。

即兴说话以精短为妙，因此，选材时要做到少而精、短而严，从切题、典型、新颖等方面考虑材料取舍。

那以，即兴说话具体应注重抓哪些题材呢?

一是要抓政治上的“重磅”题材。这类题材在政治上有着极为重要的分量，事关党和国家的大政方针、内政外交、政治方向、政治原则等重大问题，具有很强的政治性、政策性、原则性。直接表现于重要的国家活动、领导人的重要讲话，以及路线方针政策的制定和法律法规的颁布等事实。

二是社会生活中的“热点”题材。发扬民主，广开言路，是我们国家社会、政治生活中的一个突出特点。众所瞩目、议论纷纷的各种社会现实情况、看法、意见，是社会生活中的“热点”。这类题材只要抓得准，一触即炸，在讲坛上会引起强烈反响。一些即兴说话之所以精彩，就是因为演讲者敢于迎着矛盾上，抓住了这类“热点”题材。

三是具有开创性的“尖端”题材。这类题材包括科学技术的最新成果、经济建设的最新成就、某个领域的最高水平，等等。无论纵比还是横比，都是最“拔尖”的，处于领先地位，无与伦比。“尖端”题材本身就意味着重大突破和创新，因而具有重大价值，也具有很强的代表性和说服力。

四是典型突出的“暴露”题材。这类题材主要是揭露批评的内容。它本身交织着复杂的社会矛盾，反映的是某些不合理的社会现实，震动大，影响范围广，因而具有典型性、针对性、深刻性，带有全局性的意义。

五是突发性的“灾害”题材。各种各样人为的、自然的突发性灾害，一下子就能牵动人心，为众所瞩目。尤其是那些出人意外地爆发，程度剧烈、直接危害人民生命财产安全、造成巨大经济损失和严重后果，而且还有蔓延之势的灾害题材，一定具有特殊的价值。

六是密集型的“信息”题材。当今社会已跨入信息时代，听众对信息产生了日益增长的需求，多抓密集型的信息题材，才能满足听众的要求，争取到更多的听众。

七是独具地方特色的“乡土”题材。这类题材具有突出的地方特色，乡土气息浓厚。共性的题材，竞争对手多，也缺乏特色，成功率一般不会高。而反映某个地区特殊性、乡土气息浓厚的题材，普遍性寓于特殊性之中，具有其他地方无法比拟的优势。

除了选什么样的题材外，选材的方法也有许多，下面介绍两种常用的方法。

摘取法。摘取法是从相对独立完整的某一则材料中，选用一点或几点与主题有关的片言只语的一种方法。它可以引用被摘取内容的原文或取其原意，并对所选用的原文或原意进行概括或压缩。这种方式主要适用于即兴表达的叙述或议论中。

截取法。这是一种从一则相对独立完整的总体或整体材料中选用某一方面材料的方法。截取法分为纵截法与横截法。前者是从具有较完整的形式过程的事物材料中，取用其形成过程中某一阶段的材料；后者是指从事物总体或整体中并列存在着的多侧面里，选用其某一方面的材料。

巧妙构思，表达顺利展开

写文章，最大的困难莫过于构思，即兴说话亦是如此。构思有如酿造美酒，原先储存的材料只有在脑中经过快速发酵，即经过分解、化合反应，到了一定的程度，才能最后形成“美酒”。即兴说话的构思要求特别高。首先体现在“快”上。是即兴说话，给予思考的时间不会很多，如何在这有限的宝贵时间里，构思一篇精彩的演讲，这就要求演讲者思维敏捷，反应迅速，非常快地在头脑里绘出整个演讲的轮廓。其次是要求“准”。这里的准是要合理、正确、有效。如果说你的构思与讲题关系不大，或者说大相径庭，或是你构思的时候没有考虑时间，致使你的演讲时间超过预备时间等，都是失败的。再次是要“全”。所谓全，是要求演讲者构思要全面，面面俱到。事情发展的几个阶段，问题分析的几个方面，该强调的要强调，可省略的要省略，但需说清楚和交代的，决不能含糊其辞，或是“不小心忘记了”。因此，巧妙构思作为即兴说话的前奏曲，要求相当高，意义也非常重大。

即兴说话的构思，同时还要注意两点基本要求。

首先要尽量地把思路排通。因为即兴说话时，往往好像没话说，又好像有许多话一齐涌上嘴巴，不知从何说起。这时要沉着冷静，先抓住要讲的中心意思，找到立足点和出发点，然后设立好逻辑线索，或分或总，或平行，或递进。

其次要从大处着眼。即兴表达前的构思不可能太小太细，这样难免走入误区，思维纠缠于其中出不来。要把握全局性的东西，主要考虑应说什么，什么东西先说，什么东西后说，用什么方式说。至于用什么词句，用什么事情，那只能是“现想现说”了。

即兴构思的方法很多，下面简单介绍四种。

分类法。按照事物的特点把比较复杂的、集合性的事物划分为若干类别的方法叫分类法。它可以把若干个别事物归纳为几种类型，也可以把一种事物划分为几种情况。它能使复杂的表达系统化，易于把握说话的条理性。

解剖法。分类法重在“分”，而解剖法重在“析”。就是把属于一整体的事物切割为若干简单要素，然后对每一要素进行分别考察的方法。如把狗分为猎犬、吧儿狗等，它们仍具有狗的一般性质，这是分类；而把狗分为狗头、狗身、狗腿等，每一部分就不再具有狗的性质了，这是解剖法。这一方法在演讲中十分重要，也是用得比较多的一种方法。

诠释法。这是一种全面准确地理解并阐述有关概念含义的方法。通过对概念的解释，然后以此为中心点，全面阐述，有利于表达的展开。演讲中时常会遇到一些令人费解的东西，如不对其进行必要的诠释，话题无法说开，此时，诠释便成了连接说者与听者之间的纽带和桥梁，因此，此时的诠释便成了二者之间的一个关键，如果诠释不当，听众将会扫兴而去，故要“三思而后行”。

联想法。是由此事物考虑到另一事物的思维方法，是从已知的经验、知识出发，超越时空界限，由此及彼，把彼此相似、相类、相通、相矛盾或相关联的事物联结起来，是即兴说话构思中不可缺少的方法。我们知道，有的题材内容孤立地看只是一个一般化的东西，但如果进行联想思维，把它与广阔的社会背景联系起来，它就变得很有价值了。这个联想思维的过程，就是深化说话主题的认识过程。

深化主题，提高说话品位

即兴说话时，为了确保主题的灵魂和统帅地位，说话的主题要有价值、深刻、新颖和突出。要真正达到这一标准还真是不容易。我们许多同学能够大胆地说，而且也会使用一些表达技巧和思维方式，也十分注意体现主题，遗憾的是，往往忽略了要深化主题，通过说话材料的表面现象，由此及彼、由表及里地揭示其本质及其规律，这是使主题深刻的要求，也是使主题深化的基本途径。

具体而言，实现以上要求或途径的方法有以下几种。

1. 溯本追源法。通过材料的现象，揭示事物的本来面貌或本质原因，从而深化主题的方法。凡事物的产生、发展和形成，莫不有本有源。所谓事物的本或源，一是指事物形成的初始阶段和演化过程，一是指事物发生、发展和形成的环境、背景等条件。前者可称为事物的历史，后者可称为事物的原因。说话主题如果能够明确反映事物的本来面貌或其原因，就能显得格外深刻。这种方法，或者能使说话人持之有据，或者能使说话人言之成理，所以很容易使听众感到主题深刻。

2. 引申升华法。如果你说话的主题仅根据具体而典型的生活现象就事论事而形成，还不会深刻，只有再对具体而典型的生活现象进行抽象，使它离开那个具体而典型的事物，扩大到一般事物上去，使说话人从对事物的具体感觉、体会升华到对一般事物的认识，才能使主题得到深化。这种方法就叫做引申升华法。运用引申升华法来深化主题并不是很复杂。在对具体或个别事物叙述结束之前，往往仅用片言只语便可画龙点睛。不过，应该注意使主题升华得自然，否则，会有把主题任意拔高即揠苗助长之嫌。

3. 巧用象征法。即借用某一具体事物来表达说话人所要反映的关于与之相似的事物主题的表现方法。这是一种声东击西和指桑骂槐式的方法。说话人要反映的事物及主题，在讲话中一般不说，即他说了，也只是轻微带过，却对“替身”大谈特讲，如此言在此而意在彼的说法，对表现主题是很有穿透力的。其原因有二：第一，此法借物言志，说理具体而形象，能够在不知不觉中悟出隐含的另一种意义，使人感到言近旨远，体会到字面以外的更深刻的思想。第二，此法一般从小处入手，能够以小见大，从平凡而细微的事物中反映出较为重要的大道理，使听众感到事微旨宏，主题自然深刻。

实话实说，以事才能明理

在叙事型演讲或说话中，演讲者要从生活中实实在在的事说起，以事才能明理。这在即兴演讲和说话中是一条非常重要的说话思路和技巧。

叙事型演讲是通过通俗易懂和生动感人的经验、事例引发出深刻而令人深思的道理。它不能是生硬、机械地空谈道理，而是讲述一些实实在在的道理，丝丝入扣地分析事理。“一句话，善于这样做的人懂得，哪怕是最好的调料，也不能一勺一勺地填入听众口中，而只能撒在汤中，浇在菜里，恰到好处，适可而止。”

有一位牧师恩莱卡在布道演讲中这样说教：兄弟姐妹们，请大家把头抬起来，看看上边，看看气窗和天窗，看看上面的玻璃，是否明亮？是否像在室外一样看到蓝天和太阳？请兄弟姐妹们把头低下来，看看下边，看看地板上，是否干净？是否有一片纸屑、一口痰迹？请兄弟姐妹们把手伸出来，把双手都伸出来，摸摸凳上面再摸摸扶手，看看你们的手掌，是否有一星尘埃、一点污迹？你们看看左边再看看右边，看看每一个窗台，看看窗台上的每一盆花，一盆一盆看过去，有没有发现一片黄叶？是不是每一盆花、每一朵花都开得正好？一切都做得很好，好得不能再好，是不是呢？然而我们却不知道是谁做了这些事。当然，一定有人做了这样的事。兄弟姐妹们，是谁做了这样的好事？是张三还是李四？我们不想把做了好事的人一个个指给大家看，也不应该把这样的好人一个个指给大家看。兄弟姐妹们，看看你们的左边，看看你们的右边，看看你们的前面或是后面，做了好事的人就在你的身边。你们相互看一眼，笑一笑，就这样好了，也就足够了。有心做好事的人，不愿意人们知道他，但做了好事的人，你是一眼就可以看得出来的，做了好事心里就满足，就愉快，他的神情就温暖，就慈爱。做了好事的人心理很清楚，是谁来得最早，谁是第一，谁是第二，谁带的抹布，谁带的扫把，谁送的鲜花……

这里，说话者从刚刚发生在人们身边真实的事情说起，平稳自然地把一些做事和做人的道理寓于其中，让人们切肤地体会到身边的小事都需要每一个充满爱心的人去做。

从生活中存在的事情说起，这样做更能增加演讲的感染力和说服力。只有在事实以及基于事实的一系列基本判断真实可信的条件下才能得出富于说服力的结论。因此，演讲者和说话者必须学会一定的技巧，以强化基本事实和判断的可信度。

另外，以事说理还可以引用精确的数据增加说服力，以及引用权威人士的话，使判断更有力量。

恰当地引用数据不仅能够使说话变得形象生动，而且能够大大增加说话本身的可信度。在人们的意识中，富含精确的统计数字的事实是不容置疑的，定量说明比定性说明更具可信性。同时，说话者还可以利用听众中普遍存在的从众、从上心理，恰当地引用一些权威、专业人士的话，使听众更容易在他们的诱导下相信演讲者所阐述的基本事实和判断。

找到题眼，尽快进入主题

即兴演讲，关键点是要借题发挥，无论是有明确题目的命题式演讲比赛，还是没有明确题目而只有情境的即兴演讲比赛，甚至是那些生活

中突然出现的“请你说几句”，演讲者都必须抓住演讲的关键处——“题眼”。“题眼”确定了，就可以在丰富多彩的阅历中，从古今中外的知识宝库里寻找题材，围绕“题眼”进行组织。比如以“渡船”为题的一次即兴演讲。

渡船本来是一种交通工具，它的作用是不怕风吹浪打，来回于江河两岸，把人们从河的一边送到另一边。可即兴演讲的宗旨并不是要你介绍渡船有何功用，而是应由此引申，赞颂那些具有渡船精神的人们！比如人民教师。要抓住的题眼是“渡”字，联想到教师把学生“渡”向知识的彼岸。这样就有话，而且说起来意义也深刻得多。

有一次，我应邀参加迎新集会，会上主持人要我代表教师说几句。我结合场景，着重抓住了一个字眼——“新”。我是这样表达的：

“亲爱的新生们，大家好！”

“你们带着父母新的希望，带着朋友新的祝愿，也带着自己新的理想，来到一个新的地方，来到了一个新的集体。在这个新的学期里，我衷心希望大家以新的语言、新的行动、新的风貌、新的一切去适应新的环境，挑战新的困难，开始新的学习，展示新的生活，取得新的成绩。相信奋斗拼搏三年以后，大家将会以更新的姿态、更新的风采站在父母、朋友、社会的面前。到那时，你可以骄傲地说：‘新的生活又开始了！’谢谢！”

这样一气呵成，格式新奇，发之于心，得到了在座同学们的热烈欢迎。

寻找题眼，要善于审题，对题进行全面分析考虑，找出题目的关键是什么。一些情境性的即兴演讲灵活性较大，要寻找新奇独特的角度挖掘题眼。

寻找触媒，临场引发联想

即兴说话时，人的思维应该处于一种极度活跃的状态，对于对方的话题或身边的事物应有敏锐的感触。正因为思维状态的活跃，人的思维触觉才十分敏锐，对身边的物和人能触类旁通，观一知十。因此，即兴说话时要认真观察，多方感受，快速思考，引发联想。根据演讲所处的特定时间、特定地点，深立意、巧构思，讲出一个奇妙的境界。

即兴说话时，可以按听众所关心的问题引发；可以根据场地的布置、大小、标语引发；可以按天气、时令、突发事件和前面说话者的说话内容引发。一般来说，找到的“触媒点”应是能形诸视觉或听觉的具体事物，引发时要巧妙找到它们之间的联系，在一定程度上赋予实物一个新的、深的含义。两者之间有同有异，唯其异才能产生新意，唯其同才能借此引发。

我曾参加 1991 年度演讲大奖赛，命题演讲取得好成绩后，进入最后的即兴演讲。抽到的题目是《三峡工程在召唤》。

由于心情很紧张，加之当时对三峡工程的意义与进程缺少了解，只得讲一些比较笼统的话。

“大家知道，党中央、国务院做出英明决断，将在三峡将长江拦腰截断。虽然从此在中国的版图上再也看不到三峡了，现实中再也找不到三峡美丽的风光、壮丽的景色了，再也感受不到李白‘两岸猿声啼不住，轻舟已过万重山’的意境了，但展现在我们面前的将是另一迷人的景观。那是一幅现代科技的主体图画，是现代人智慧的完美造型，是勇敢和创造的反应物。我是一名教师，面对如此沉重的呼唤，我不能亲临现场为三峡工程增一块砖、加一片瓦，对此我感到非常遗憾！但面对这呼唤我又感到高兴和激动，我将为之鼓与呼，培养好我的学生，让他们去为三峡工程做直接的贡献——”

这时响起了告示铃，演说在这里已进行了两分半钟，只剩下半分钟了。如果我顺着这思路讲下去，似乎讲不出什么新意了。这时我突发奇想，抓住刚才响起“铃声”这个触媒，引发开去：

“铃声响了，告诉我演讲的时间只有半分钟了。是啊，时间紧迫啊，这铃声也向我们昭示：人生在世，时间是有限的。朋友们，让我们在有限的时间内多为祖国、为社会、为人民做点事。我虽然不能为三峡工程直接做贡献，但我将严于律已，宽以待人，学而不厌，诲人不倦，做蜡烛，做小草，做渡船。让遍地‘桃李’为祖国的三峡工程做出更大的贡献！谢谢！”

演讲完后，获得了经久不息的掌声。主要原因是我抓住了“铃声”这一触媒，展开联想进行巧妙衔接，使演讲生动活泼。

著名语文教育家谢曙东应邀参加春节团拜会，事先没准备发言，可主持人在会上临时请他讲几句。他看到桌上一改过去摆设丰盛糖果、高级糕点的传统习惯，仅清茶一杯，于是灵机一动，抓住“清茶一杯”这一触媒点，以“一”字引发，即兴赋诗：“欢聚一堂迎佳节，清茶一杯显精神，团结一心创伟业，步调一致向前进！”大家报以热烈的掌声，欢呼再来一个，他急中生智，顺着刚才进行的“一”字一直思考下去，卖了一个关子：“别喊，还有一个横批：说一不二！”得体的引发得到了与会者的交口称赞。特别是最后一句“说一不二”，既是对前话的延续，又是对观众要求的一种答复，巧用双关，精妙之致。

组织合理，做到有话可说

即兴演讲和说话最显著的特点便是它的即时性。它是激情的喷涌，心灵的闪耀；是睿智的迸发，思想的火花；是知识的展示，更是能力的外化。即兴说话最大的难点是无话可说，有话难说。无话可说是知识贫乏，有话难说是没有很好地组织语言材料，没有理清讲话思路。怎样才能组织好材料呢？下面介绍几种方法。

1.逐层展开法：以文题为中心逐层展开，像剥笋皮一样一层一层剥开，直至见明主题。如即兴说话文题《过马路请小心》，可以先讲不小心造成的悲剧，由此引出过马路不小心是因为缺乏安全意识，再引出增强安全意识的重要性，希望市民遵守交通规则。采取这样的思路时，即使各小节不能即时准备，但有主线串联，演讲者也能做到有话可说。

2. 正反用例法：围绕题目可先选用一到两个正面例子，然后选取一到两个反面事例，这样正反交错，能较好地过渡与组织材料。如《过马路请小心》中可以先举一例，××虽然在某次过马路时没有遵守交通规则，强闯红灯虽然没有造成交通事故，然后话锋一转，转入正面例子，举出因强闯红灯而出现的许多悲惨的撞车事件，轻者受伤、重者丢失生命的教训。一反一正，形成强烈对比，深化说话主题的意义不言而喻。

3. 平行组合法：围绕题目可选用一到几个事例或观点组合起来，并列前进，把这些事例或观点稍稍排队，然后一个一个地进行表述，再适当总结，上升到理论。如郭沫若《在萧红墓前的讲话》中的一段：

那么，什么是年轻精神的品质呢？

第一，是真理的追求者。他是一张白纸，毫无成见地去接受客观真理。他如饥似渴地请人指教，虚心坦怀地受人指教，他肯向一切学习，以养成他的智慧。这是年轻人的第一特征。

第二，是博爱的实践者。他大公无私，好打抱不平，决不或很少为自己打算，切实地有着人饥己饥、人溺己溺的情怀，甘为他人服务。这是年轻精神的第二特征。

第三，是勇敢的战士。他不怕任何艰难困苦。他富于弹性，倒下去立刻跳起来，碰伤了舐干血迹，若无其事，他以牺牲自我的意志战胜一切。这是年轻人的第三特征。

这三种年轻人的特征，每一个年轻人都是有的，假如他把这些特征保持着并扩大着，那他便永远年轻，就是死了还年轻；假如他把这些特征失掉，比如年纪轻，便做狗腿子的事，那他不仅不年轻，而且老早是一个死鬼了。

4. 层层递进法：在一些较短的即兴说话中，可以运用关键词把一些材料连起来以展开思路。比如《男子汉的风采》一题可以采用如下思路：男子汉不仅有什么、有什么，还有什么；不但能怎样，而且能怎样，又有怎样，更应该怎样。在不同的年龄阶层应有什么样的思想、才能和品质，在不同年龄、性别的人的眼中应是怎样的出色和优秀，等等。用这种方法构思，材料才会聚而不散。

5. 纵向扫描法：紧扣说话题目或情境，从纵的角度，按时间的顺序进行组材：过去怎样，现在怎样，以后又怎样。如某校领导在全校教职工代表大会上的学校工作报告中就先回顾了过去的一年里学校工作取得的成绩和得到的几点基本经验，然后就讲了目前学校还存在的困难和问题，接下来再谈下一年的工作方向和重点。

以上几种方法一般是交叉运用、协同进行的。说是方法只不过是应应急，真正要做到锦心绣口、妙语如珠还需平时的日积月累及各方面的锻炼。

思维训练，说话同步进行

有道是“思而不学则怠”，同样，只有思考而无行动一样也是惘然。在即兴说话表达训练中，思维训练与口才表达两者相互结合才能相得益彰，效果也才明显。这种训练经常采用如下几种方法。

1. 目标分段、层层设问法。这种方法在生活中出现的概率很大，操作起来也很方便。它要求练习者有计划、有目的地设定一个说话对象，从多角度、多层面对事物进行立体式的解剖，并对事物进行深入的思考，在此基础上形成自己的观点和见解，然后用口头表述出来。如面对一台复读机，说话者的思路是很广而且很杂乱的，你可以从它的外观方面入手，把它表述清楚，如它的形状——一个稍稍偏椭圆的长方体形，商标——神奇鹦鹉，颜色——银灰，显示屏——椭圆形……。然后从它的功用方面讲述，可放音、收音、录音、自动跟读、复读、高保真储存、时钟设置等。通过这样一层层剖析，听众就能够很快接受说话者的表述，对该复读机有个大概的明白。

2. 泛泛讨论、放活思维的方法。在轻松活跃的气氛中把某一生活和社会热点问题展开讨论，大家各抒已见，各自发表自己的思想和看法，不受外来因素和其他因素的影响，放开思维，积极思考，发言不一定要有完整的章法结构，也不要求得出一致的结论，这时的谈话往往话语流利，言辞犀利，思维也处于一种活跃和敏捷的状态。

在一次题为“在校大学生可不可以、要不要结婚”的讨论中，大家各抒已见，一时间发言者纷纷发表自己的观点，犹如“拉开了潘多拉的盖

子”……有些人认为大学生没有稳定的职业和工作，毕业后天南地北、海角天涯，很可能到头来只是劳燕分飞，两相伤害。有人认为爱情中的人是两个实体，而婚姻中的人就成了一个实体，朝夕相处，相濡以沫，不再是学校生活的那一种浪漫。爱情所追求的是过程，婚姻所追求的是结果，罗曼蒂克不再是生活的全部，所以需三思而后行。还有一些人认为，大学生无论是从生理上还是心理上都已达到能够结婚的条件，而且年龄也已达到或超过了法定年龄，完全有条件也有资格结婚，这是法律规定和保护的，也是人自由选择的权利。

在这些讨论中，大家都在思考，他们有自己的思想，他们也能发表自己的思想，使各自的思维得到最大限度的锻炼。

3. 反问诘难、自问自答的方法。这种方法要求说话者既是说话的主体也是说话的受众。这样既能培养说话者构思的技巧，也能培养说话者听话的艺术修养。让练习者变被动为主动，便于充分发挥练习者思维的主体功能。

有一则这样的故事，有一位小偷偷了整整一袋子东西，在逃跑的途中不小心连人带物一起掉进了一条河中，他苦苦挣扎，希望能够游到岸边获得生存。但他非常爱财，死死地抓住手中重重的财物不放，结果连人带物一起沉入河底，结果不言而喻。看了这则故事，说话者可以从多方面思考，提出问题，然后解答。为什么小偷临死之前还死死抓住赃物不放？为什么小偷不会放弃？小偷是聪明人吗？小偷的行为给我以怎样的启示？回答完这些问题再回过来仔细地体会自己的发言，你会发现自己在说话构思方面的技法已掌握得比较娴熟，个人的思辨能力也得到了大大的提高。在这种自问自答的形式中，说话者不仅锻炼了思维与口才，尤其增强了自信力，培养了创新意识。

思维是说话的向导。只有将思维和说话结合起来一起训练，才能达到事半功倍的效果。提高了思维能力，任何场合中的说话才能从“思”到

"嘴"，即兴说话的构思也才迅速而清晰。

承上启下，演讲信手拈来

一般来说，即兴说话前，我们还是有段时间来备稿的。在这段极短的时间里，我们还是可以抓紧时间，利用快速思维的方式完成大体的构思，可以对说话的开头、中间、结尾进行大概的设计，表达时思路才能清晰。但是，如果我们细心聆听，仔细观察，你会发现，即兴说话的内容可以信手拈来，这就需要你能够独辟蹊径，逆向求新，不把思路局限在自己已有的思维模式上，也需要你有所舍弃，抛弃一些自己已有的某些观点和构思。我们可以巧妙地引接上一位或前面几位说话者的话题，或是他们表达的观点、动作或其他神态等进行引发，这样更能产生非同凡响的效果，让听众觉得你是一位真正的聪明机智、能说会道的演说者。这样的引发，一般能给大多数听众留下良好的印象。

在一次"剖析自我，挑战期考"的主题班会上，第一个上台的游 ×× 发言道："说起来惭愧，算起来我是班上最懒的，所以成绩平平，从今以后我要……"接下来同学们都踊跃发言，班会的气氛很热烈。轮到我上台时，联想到游 ×× 的发言，我突发奇想，灵感一来说道："刚才游 ×× 同学说他是最懒的，其实不然，班上最懒的同学应该是我。"然后我一微笑，引得全班同学都跟着笑起来，继而掌声（虽然其中不乏有喝倒彩的部分）。然后我接着话题分析了自己目前的现状，最后说道："今天我在讲台上跟自己约法三章，第一怎么，第二怎么，第三怎么。"

一次，以"爱我祖国，振兴中华"为主题的即兴演讲比赛正在进行，前面的选手个个声音洪亮，激情洋溢，热情地讴歌了亚洲东部、太平洋西岸的泱泱中华大国。但是形式渐趋雷同，听众的情绪也随着慢慢降低。这时一位参赛者采用欲擒故纵的思路先引来、后发挥，使演讲获得了新意。

“前面几位都讲了我们伟大祖国悠久的文明史，讲了雄伟壮观的长城，讲了给世界文明带来飞跃的四大发明。是啊，我们伟大的祖国有了这一切是够可爱、够神圣的了。但是我认为我们绝对不能以此为满足。历史终究只是历史，景观终究也仅是景观。只有这些还不够，因为长城尽管它又高又长，但却挡不住侵略者的铁蹄！而指南针，它能指引方向，也引来了武装到牙齿的侵略者！引来了帝国主义的战舰！引来了毒害中国人民的鸦片！火药，成了帝国主义列强杀我同胞、烧我国土的武器！而先辈们发明的洁白的纸上，写下的却是不平等的《南京条约》、‘丧权辱国的21条’……”

这样的开头赢得了热烈的掌声。

下面再举几例：

“刚才第8号选手已讲到了国家聚财人的辛劳反而不被社会理解。我与他有同样的感受。在这里，我愿与8号选手一起为了我们神圣的税务工作者，为了税务工作者能得到社会的承认、人们的理解而鼓与呼！”

“时代在呼唤，社会在呼唤，历史在呼唤，人民在呼唤，推广普通话是何等的重要！这是前几位朋友发出的共同心声。对啊！……”

“刚才有位演讲者在演讲中一个双手合十、顶礼膜拜的动作，这让我想起了风行世界的佛教，想起了佛教的源远流长……”

就事论事，还需纵深思考

在一般的即兴演讲与说话中，只需对整件事情的过程表述清楚就可以了。比如对一件交通事故的叙述："一辆空出租车从北往南驰过来，迎面一位行人招手停车，出租车司机一个紧急刹车，将车头掉头载客，这时另一辆货车从南往北急驰过来，货车来不急刹车，"砰"，猛的一下撞在出租车的右侧，霎时间，出租车的右门被撞扁，车窗玻璃全震得粉碎，出租车司机当场死亡。"像这则交通事故，表述到这里就结尾了，不需再对它进行纵深的思考，听众也能明白事故发生的整个过程。

而在其他的一些场合和事件中，则需要作纵深思考，对发生的事件表达自己的意见和观点，并进一步阐述它。纵深思考就是在对话题中的人和事进行思考时，不是表面的浅显的理解，更不是就事论事的"人云亦云"，而是运用"透过现象看本质"的分析方法，通过"由此及彼，由表及里，去粗取精"的过程，力求在一个更能表现事物本质特点的层面上得到新的结论，并且能被听众接受，不受传统拘囿的思维方式。

例如，时任军事委员会政治部第三厅厅长的郭沫若一次出席汉口北部的旧华商跑马场举行的"广场歌咏会"，这天恰逢"台儿庄大捷"的消息传来，武汉三镇民情鼎沸，一片欢腾。冼星海、张曙等著名音乐家都参加了这次规模盛大的歌咏活动。前方打仗的捷报频传和眼前歌咏会场所洋溢的万众一心、坚决抗日的热烈气氛，使郭沫若格外兴奋，在事先没有准备讲话的情况下，文思泉涌地吼出了一篇题为"来它个'四面倭歌'"的讲话，全文不长，兹录如下：

歌咏是最感动人的。歌咏的声音能把人们的感情意志立即融成一片，化为行动。

从积极方面来说，歌咏可以团结自己的力量。从消极方面来说，歌咏可以涣散敌人的军心。

汉高祖的谋臣张良曾经利用过歌咏的力量来涣散了楚霸王的兵士。楚霸王尽管有拔山盖世之勇，终于敌不过歌咏的声音。

目前我们的敌人尽管是怎样横暴，尽管有大量的大炮飞机，我们要准备用歌咏的力量来把它摧毁。张良给了楚霸王一个“四面楚歌”，我们现在就给日本帝国主义者一个“四面倭歌”。

我们要用歌咏的力量来扩大我们的宣传，我们要用歌咏的力量来庆祝我们的胜利。

最近鲁南方面的连战连捷，尤其台儿庄空前的胜利，是值得我们歌咏的。

但我们也要知道，我们应该光复的还有好几省的土地，我们应该歼灭的还有不少的敌人。

我们要用我们的歌声来更加团结我们自己的力量，把一切失地收复，把全部倭寇驱除。

我们要把我们的歌声扩展到全武汉，扩展到全中国，扩展到全世界。

我们要把全世界的友人鼓舞起来，打倒我们共同的敌人，打倒帝国主义！

郭沫若先生的发言激情慷慨，既有“就事论事”的部分，又有纵深思考的提高。

从“就事论事”的角度而言，郭沫若先生说了“我们要用歌咏的力量来扩大我们的宣传，我们要用歌咏的力量来庆祝我们的胜利”等。

从纵深思考方面来说，他提出“要把歌声扩展到全武汉，扩展到全中国，扩展到全世界。我们要把全世界的友人鼓舞起来，打倒我们共同的敌

人，打倒帝国主义！”

精巧解析，深入探讨主题

对于比较复杂一点的即兴说话，解析成为构思的理想答案。解析，是把复杂的事物分开，然后加以明确的理解。在构思之前，我们掌握的材料不论多少，总是以一个总体或整体事物的形式出现在我们面前，要想对这些材料有个明确认识，就必须先把它们分开。因为当我们要考察任何一个具体事物的时候，如果我们仅仅从直观的角度出发，我们是很难认识或把握住本质规律的。由于我们看不到它的各个局部或细节，只能看到现象而看不到本质，只能看到偶然而看不到必然，或者只能看到结果而看不到原因。而只有深入到事物的内部，把总体或整体性的事情划分成若干简单的相对独立的要素，把它们割裂开来，并从总体或整体中把划分后的独立要素抽取出来，逐一考察它们各自具有何种特殊本质，它们在事物总体或整体中分别占有何种特殊地位，具有何种作用，才有可能发现事物内部的结构情况及各个部分或要素之间的相互联系及影响，从而才有可能对事物的总体或整体有一个基本明确的认识，这就是解析法。实际上，这种构思法是事物内部结构分析法，它可以包括分类法和解剖法。

一、分类法。根据事物的特点，把较复杂的集合性的事物划分成若干类别的方法叫做分类法。这种方法在即兴说话材料选择方面有积极意义，它可以把若干个别事物归纳为几种类型，也可以把一种事物划分为几种情况。具体而言，对事物进行分类，主要有两方面的作用：第一，有些重要而复杂的事物，如果分类科学，能使之系统化。第二，在即兴说话构思中，如果把具体事物进行各种各样的分类，就易于在各类事物的比较、推理中，对各个方面的事物作全面具体分析，或便于选择其中某一方面作为侧重点，进一步进行分析，这都有利于深刻地揭示事物的本质。从这一角度说，分类是进一步全面、深入分析的基础。所以，善于构思的人大多善于对事物进行分类。

为了在即兴说话中真正掌握分类法，有必要对如何分类提几点要求：

1. 划分要尽可能全面、深入。分类有一次划分，有多次划分。一次划分常用二分法，比较简单。它以划分对象是否有某种特点为标准进行分类。多次划分是把事物分成若干大类之后，再对每个大类继续分，直到满足需要或不能再划分为止。一般情况下，分类越全面，对于继续分析、判断、综合才越有利，越深入。

2. 划分标准要灵活掌握。标准有很多，可以是事物外部形式中的形、色、味及其作用等共同的特点，也可以是事物内部本质中的某一方面的作用等共同特点。但是，在同一次划分中必须坚持同一个标准。划分标准是分类的根据。如果划分标准不一，则会产生混乱现象。

3. 分类时要注意相对性。世界上事物之间的联系既是绝对的，也是相对的；同样事物相互之间的差异也是相对又绝对的。对事物的分类，是依其差异绝对性为根据的，而其差异又有相对的一面，所以对事物的分类也只能是相对的。

二、解剖法。分类法是把复杂的事物划分成若干相对独立的个体种类的方法，而解剖法则是对相对独立的个体事物进行肢解。如果说分类法主要在于“分”，那么解剖法主要在于“析”，即把本属同一体的事物进行切割。对事物的解剖大体有三种具体方法：

1. 横断法。是把由并列的若干因素或侧面构成的整体事物分成若干方面的一种方法。例如，对于“学习”、“毁树容易种树难”、“千里之行，始于足下”等问题，都可以将其分别解剖为“学”和“习”、“毁树容易”和

“种树难”与“千里之行”和“始于足下”两个方面。

2. 纵切法。对于思维、事件等本身存在着发展过程的事物，则应该使用纵切法。

3. 剥离法。对于既无并列关系也无先后顺序的简单而孤立存在的事物，则必须使用剥离法解剖。这种方法可以由远及近，步步逼近中心，它往往与观察顺序是一致的。

另外，释念法也是我们应好好把握的一种分析构思法。

发散思维，不协调显幽默

即兴说话构思中时时要用到发散思维。所谓发散思维，是指突破恒定的思维模式，展开独到、新颖、奇特的联想。它被广泛运用于现实生活中，很时兴的“脑筋急转弯”就是发散思维的实际运用。正因为发散思维突破了常规的局限，将说话上升到一个崭新而又特别的层面，于是便常常折射出幽默的色彩。

为什么说应用发散思维会给即兴说话带来幽默感呢？下面我们看几则实例：

广告：这是一种用真假搀半的话编造谎言的艺术。它使你在不知不觉中被对方扒了口袋却乐呵呵地自以为占了便宜。

天才：生前被别人嫉妒和迫害，死后被别人称赞和自比不幸的人。

公共汽车：城市的一种玩笑大师。你在后面追它时，它越走越快；而当你坐进它里面之后，却又慢慢悠悠。

比基尼：男人们希望除自己的老婆以外的所有女人都穿上的社交礼服。

古董：第一代人买下、第二代人抛弃、第三代人用高价买回的一个尿罐。

私生子：未注册的联营公司的产品，因其生产者有偷税漏税之嫌而被视为劣质产品。

健美运动：这是折磨肌肉、白费力气的活动，它使女人变得像男人，使男人变得像超级青蛙。

女人：一种眼泪特别多、泼话特别多、温柔起来像猫、凶狠起来像老虎的人。

接吻：双方的嘴一无所有，可彼此都感觉到一种天国般的滋味。那声音，就像水牛从烂泥沟里拔出那陷得很深的大脚所发出的声音一样。

怎么样，这种运用发散思维的效果，是不是很明显？！如果在即兴说话中遇到一些自己一时难以说清楚的事物，利用这一构思工具，问题不就解决了吗？这样，不光让你避免说话中断的尴尬，同时还能为你增添幽默，赢得支持。

灵活运用发散思维给我们提出了以下要求：

1. 即兴说话构思的开始阶段，说话人没必要将全部思想锁定在主题上，一心一意为了主题而挖空心思构造演说，而应该静下心来，抓住主题，并以主题为出发点，将思维打开，向四面八方去寻找你所想要的表现主题的东西，这样，思维就变得广阔了，你的说话才会显得大气，视野才开阔。

2. 即兴说话要求说得有用、中肯，这就要求所说的每一件事都应与主题有密切联系，即它们之间有共性。这其实也是运用发散思维的关键。要做好这一点，就需要说话人在构思当中准确无误地把握好主题的属性特征以及“发散”到的事物的内在本质，并将两者放在一起作适当的比较，看是否二者之间有某些关键性的相通之处，有则用之，无则免之。

弧状思维，曲径方可通幽

弧状思维是指在证明一个观点时不从正面直接说明，而是先谈开去，将话题引向别的事情，当拐出去的这个变化得到认可后，再趁机把圈子兜回来，扣住正题。“拐弯抹角”这个成语恰好能恰如其分地说明弧状思维的特点。

说到这儿，我们会很自然地想起《战国策》里“邹忌讽齐王纳谏”的故事：

邹忌是齐威王的大臣，体态魁梧，相貌端庄，他的妻子、妾和访客都夸他比城北的徐公（当时出名的美男子）要美得多，结果碰巧有一天徐公来拜访他，邹忌一见，才知自己远不如徐公貌美。经过一番思考后，邹忌就以此事对威王说：“臣诚知不如徐公美，臣之妻私臣，臣之妾畏臣，臣之客欲有求于臣，皆以美于徐公。今齐地方千里，百二十城；宫妇左右，莫不私王；朝廷之臣，莫不畏王；四境之内，莫不有求于王。由此观之，王之弊甚矣！”一席话令齐王深有所感，于是下令鼓励臣民进言谏过。几年之后，政通人和，国力强大，邻国竞相朝贡。

邹大夫开始的几句“废话”，就是一个漂亮的“弧”，您可别小看这个“弧”的作用，它不是说理，却胜似说理，能让固执的国君放下面子，听从邹忌的建议，并乐意让天下人无论尊卑都来指出自己的缺点，为自己提意见，这在等级森严的古代，的确是很不容易了。

在辩论场上，弧状思维也可以说明一些难于正面说明的东西。比如谈到外来文化与中国社会的关系时，对方一味夸大外来的副影响，大谈吸毒、性解放、艾滋病等西方流毒的副作用，认为西方文化的渗入严重破坏了中国社会的传统文化。显然这是个偏激的观点，但您若是去历数西方文化对中国社会的促进作用，未免太费唇舌，于是您可以这样回答："若有一间封闭了很久的屋子让你去住，想必你不会因为怕有几只苍蝇飞进来就不开窗户吧？窗户打开了，透进了新鲜空气，这才是主要的。过分夸大西方文化的糟粕是舍本逐末，因噎废食！"从题外话说起，然后迅速切入正题，言简意赅，这就是一记漂亮的"弧线球"。

一个漂亮的"弧"往往能为辩论增添轻松和幽默，也能使您的语言更富于哲理。

假设在一次辩论中，当对方指责您所谈的理论太过晦涩、不通俗易懂时，您不必急得脸红脖子粗地去力争自己"曲高和寡"，也用不着搬出"真理往往掌握在少数人手里"这样的话来强词夺理，回击完全可以用一种轻松自然但又绵里藏针的方式进行，您可以说：

"对方的话不禁使我想起了儿时听过的一则寓言：有一天，眼睛说它看见了远处的山很美，可鼻子嗅了嗅，说：'哪来的山，我闻不见！'耳朵也没有听见有山的声音，手也认为它感觉不到山的存在，于是鼻子、耳朵和手一起说：'眼睛错了！'——眼睛错了吗？不，恰恰是因为眼睛比它们看得更远！我们站在巨人肩上所看见的无限风光，对方只靠嗅觉，恐怕是闻不出来的吧！"

本来在辩论场上过多的深奥理论是一个败笔，对方的攻击实际上是切中要害的，但您通过这么一个恰到好处的弧圈，就可以用一种不失礼貌的方式表示您的轻蔑，暗示双方实际上不是在同一个层次上对话，这便很容易从感情上争取观众和评委的心。

在辩论中引经据典、吟诗诵词，可以在保证说服力的同时，为自己的发言增添美感，可谓一举两得。对待对方的这一着，不妨将计就计，以火攻火，故意曲解对方用意，然后随之说开了去，就从典故上反唇相讥。这样的“弧线”往往会使辩论场上出现精彩的片断。

弧状思维最妙的地方在于某些境况中一句平淡的、与辩论内容完全无关的表态性语言，也能赢得众多听众的心。

逆向说理，突破常规定势

在论辩中，有很多情况不能直接找到对方的破绽，不能给对手以致命的回击。我们就需要静观其变，以守为攻，灵活变换进攻的方位，给对方以出其不意，攻其不备。逆向说理就是一种很好的反驳思路。

逆，顾名思义，是指方向相反。逆向说理的思维方式就是一反按常情、常理、常识、常规、常论、常法等思考问题的方式，跳出“常规定势思维”的圈子，向相对、相反的方向和角度进行思考。此法用于论辩，是指论辩者善于从截然相反的角度去思考问题，提出与众不同的独到见解，来论辩说理的一种思维方式，同时它也是一种构思技巧。

战国时期，吴起在魏国当了将军之后，和待遇最低的工卒穿一样的衣服，吃一样的饭，睡觉不铺席子，行军不骑马，自己携带粮食，为士卒分担劳苦，深得士卒的拥护和爱戴。

有一回，在吴起军中，一位士兵得了毒疮，吴起知道了，就用嘴为他吸脓，其爱兵之心感动了整个部队。然而，那个士兵的母亲听到这个消息后，却放声痛哭。人们不知其故，奇怪地问她：“你儿子不过是一个最底层的小士卒，人家一个将军不惜屈尊为他吸脓，你还哭什么啊？”

那位母亲回答道：“你不知道，以前吴将军曾替这孩子的父亲吸过脓，他爸爸打起仗来就奋不顾身，从不后退，最后死在战场上。现在吴将军又给我儿子吸脓，我老婆子不知道这孩子又会死在什么地方了，所以才哭啊！”

将帅爱兵如子，和士兵同吃、同睡、同行军、同甘共苦，以德树威，这样在军队中产生了巨大的精神力量，打起仗来，士卒一个个奋不顾身，英勇杀敌，这样的军队当然无往而不胜，无坚而不摧。

听闻吴将军亲自为儿子吸脓疗伤，老母亲应该感到的是安慰、欣慰的，将儿子送到这样一位爱兵如子的将帅帐下，儿子在生活中就不会有什么困难。但老母亲没有这样认为，她结合自己丈夫因受惠于将军，最后在战场中奋不顾身、宁死不退的事迹，推测儿子也会出现类似的情况，因而号啕痛哭。这老太婆思考问题正是运用了反常的思维方式，让人不得其解，答案和结果又在情理之中。

还有，论辩时有时要单刀直入，有时又要巧于迂回，避实就虚，即避免直接接触正题，采取各种方法，迂回地表达主题，使对方不知不觉地接受辩者的观点。

唐朝有一位县令爱画虎，但总画得像猫。每每画毕总要手下人评论，说好者他高兴，说不好者他惩罚。有一次，新来一位年轻的差役，口齿伶俐。这天，这县令又画了一幅画，要他评说。

“老爷，我有点怕。”差役战战兢兢地回答。

“哎哟，怕什么，别怕，老爷我就什么也不怕。”

差役说：“老爷，您也怕。”

“什么？老爷我也怕，我怕什么？”

“怕天子。老爷，您是天子之臣，当然怕天子呀！”

“唔”县令语塞，“对，老爷怕天子。可天子就什么也不怕，嘻嘻，对不对？”

“不，天子怕天。”

“怕天？哼，有道理。”县令来了兴趣，追问差役，“那么，老天爷又怕什么？”

“怕云，怕云遮天。”

“云又怕什么？”

“怕风。”

“风怕什么？”

“风怕墙。”

“墙又怕什么？”

“怕老鼠，老鼠打洞。”

“咯，有道理。我再问你，老鼠它怕什么呢？”

“老鼠最怕它。”年轻的差役指着画一本正经地说。

老鼠怕猫，老爷画虎如猫，差役没有直说，而是巧妙地采用了迂回进击的方法用另一种形式指出来，县令当然心知肚明，但也无可奈何。

逆向说理，常借助快速变换思路、灵活改变说话的角度，迂回进击，想常人不敢想和不能想，说常人不敢说，神出鬼没，变化多端，使人难以预测而出奇制胜。其结果常出人意料之外，但又在情理之中。

快速思维，再展表达亮点

在辩论中，常常会出现对方发话而自己一时答对不出的语塞现象。有时候，辩论中明明发现对方的漏洞，由于自己的思维一时跟不上来，构思不及时，形成不了有条理、有说服力的语言，找不到合适的反击词锋，于是你只能像煮在茶壶里的水饺，左倒右倒倒不出来，干着急。更可气恼的是，当机会稍纵即逝时，你已想出了对方的谬误所在及己方的补救方法，但此时你苦思冥想得来的对策在时过境迁的环境下失去了其存在的意义。

这就说明，一个人的辩论，其语言形式固然非常重要，但就其实质而言，其论辩思维就更加重要。只有当论辩思维清晰了、敏捷了，相应的语言反应才会有速度、有力量。一个人如果在辩论中他的思维速度跟不上对方的思维速度，那就只能被对方牵着鼻子走。

一次，我的朋友江某与女友一起去水果摊买葡萄。在挑好葡萄刚要付钱时，其女友发现很多葡萄有虫咬过的痕迹。这时江对摊主提出："这葡萄不好，还有没有别的种类。"那摊主爱理不理，叼着烟头斜着脑袋道："葡萄不好，你可看清了，这可是正宗的吐鲁番葡萄，货真价实。"其女友见对方态度傲慢，出言不逊，刚要发火，江在一边道："算了，我们不买了。""不买？都称好了想不买，是买不起吧？你存心跟我抬扛闹着玩是吧？"这时，围观者很多，其女友脸色非常尴尬。江问："你知道吐鲁番的葡萄为什么好吃吗？"对方愣了一下，答不出来，呆在那里不知所措。江接着说道："你的葡萄上有虫子咬过的痕迹，你的葡萄不是正宗的吐鲁番货。"对方一时反应不过来，趁此空当，江携女友马上撤离了人群。

从这一生活中的常例我们可以知道思维速度在论辩中的重要性，它与语言形式巧妙地结合在一起就能出其不意地占领论辩中的制高点，而后居高临下克敌制胜。其实，在论辩中，思维速度也就是说话速度，思维快速也就是构思快速，这种构思方法常常在论辩中拥有其很好的用武之地。要熟练运用好它，需注意如下几点。

1. 思维的敏捷性表现在能够迅速地对外界刺激做出相应反应，迅速意识到问题的症结所在并找出问题的解决方案。

如在一次应聘家教与家长的见面谈话中有这样一段：

问：你以前干过家教吗？

答：干过，而且积累了一定的家教经验，其中有自己本专业方面的，也有自己本专业以外的经验。

问：你做家教后的最大感触是什么？

答：我最大的感触是有付出就有收获，不纯粹为赚钱而教书，人总是有感情的动物，你给予他多少，你给了他多少关爱和辅导，你就会有多少收获，这个收获不仅仅只是物质方面的，更多的是精神方面的，看到两个人的共同进步，我的心里真的感到很欣慰。

谈话到此，家长很高兴，因为对方的回答很令其满意。其实对方的回答除了一部分是真心实践经验的感受外，另外还包括着迅速构思、思维快速的因素。

2. 快速构思需要大量的感性材料做基础。这就需要大量的感性材料，需要平时知识积累的广度和深度。如若不然，你会在谈话中陷入思维空白的状态，使得自己的说话在对方面前显得相形见绌。

如在一次宴会上，有一道排骨冬瓜汤，一男人戏谑地说："女人就是男人的肋骨。"另一女人听了说道："所以，你就很贪心，你拥有一个女人还不够，希望像你的排骨一样多。"另一位男士在旁插话道："对，他就希望像人的肋骨数一样拥有上百个。"很显然，这位男士的说话没有经过大脑思考，也没有这方面的知识。这时那女士接话道："是啊，他拥有 24 位佳丽还不够呢！"那位聪明的男士早知自己的错误，这时心领神会，马上纠正道："是啊，他拥有的女人是人肋骨数的五六倍。"

幸亏大家的思维反应迅速，才避免了一场无言的尴尬局面。在平时的说话训练中，在注意思路清晰的同时，还要以思维速度作为前提和基础。

理论运用，突出理性构思

在说话、演讲论辩中，感性材料能给对方和听众以更好的事实证明。

但一味地材料加材料，会给听众造成一种这样的印象，你的说话只是简单的材料的堆砌，没有理论作为说话内容的基架，让听众和对方觉得没有理性的思辨色彩。

有些人在论辩和即兴说话中立论新颖严密，论证材料翔实、丰富又变化多姿。而另一些人则理论与功底扎实，视野广阔，在材料上旁征博引，挥洒自如。

在说话和辩论中如果没有理论建构，缺乏理论依托，那么说话和辩论将显得苍白而无力。其实，我们只要从理论的构建和运用这一角度来审视一下辩论的全过程就会发现，那些没有理论的耍嘴皮子，简直不言自明。

怎样提高说话者和论辩者的理论素质和理论修养呢？

1. 平时要有较深的理论积累。理论的积累离不开学习和思考。“思”和“学”是两个相互促进、相互提高的两个方面。通过学，我们可以完成理论知识的接收和积累；通过思，我们实现理论的内化及衍生、创造。学思相益的过程就是一个说话者提高自身素质，提高自己理论修养水平，增加思维能力的过程。

2. 理论的选择。对于不同的理论，要选择不同的说话语境、说话时间、说话对象和说话内容。理论的选择其实也就是在构思时寻找一个说话整体内容的基架，基架立稳了，其他的一切大小墙壁自然就有了依附的基础。例如，论证汽车行驶时间与速度的问题就需运用牛顿运动定律，论证流水的方向就需运用万有引力定律……当然，理论的选择是在已有的理论体系中选择，没有理论储存库，选择也就是一片空白。

3. 理论体系的构建。在一场论辩中，想完全承袭已有的某些理论体系来驳倒对方是不切实际的。具体的问题，具体的场景，不同的论辩对手需要选择、构建不同的理论体系进行辩驳。理论体系建起来了，思路清晰了，整个说话的构思轮廓也就出来了。加上有血有肉的语言组织，相信你已成为了一位优秀的辩手。

4. 理论的修整。构思完成后，在具体的语言表达中可能还会存在或多或少操作上的不现实性或不完整性，这就需根据情况对理论体系稍作调整，在局部上重新构思，从而使实际操作性更强或说话者更容易表达，满足实战要求。

话题转换，论辩才可延续

在论辩过程中，论辩双方常常会出现互相坚持己见、互不相让的情形。由于双方针锋相对，互不相让，顺着话题进行论辩，有时会陷入论辩双方互相僵持或使论辩变得毫无结果，空耗人力和物力，有时还会使单方陷入窘境，为对方的锋芒所指。这时需要双方或单方巧妙地将话题转换，使双方的论辩在山穷水复之时，重新转入柳暗花明的状况。

话题转移法是指针对上述互相僵持的情况，巧妙地引入其他话题，把原来基础上的话题岔开，绕开论辩双方间出现的锋芒和暗礁，或是把话题巧妙地转移到适应对方的心境、为对方津津乐道的话题上面来，以满足对方的心理要求。

1988 年 7 月 22 日，日本首相中曾根同苏联共产党总书记戈尔巴乔夫在克里姆林宫举行会谈。整个会谈高潮跌宕，扣人心弦。

戈尔巴乔夫有一次竟用拳头将桌子敲得呼呼作响。他声称：“据说，在日本居然有人说什么‘今后只要日本持续不断地增强经济力量，苏联便将乖乖地屈服于日本的经济合作’。殊不知，这是大错特错的，苏联决不屈服。”

中曾根也不示弱，他以强硬的口吻批驳道：“尽管如此，两国加深交往也是重要的。阻挠两国关系发展的，正是北方领土问题。铸成这个问题的原因在于斯大林错误地向属于北海道的岛屿派遣了军队。”

谈话至此，如果双方继续就此问题开展下去，两位领导人可能会不顾各自脸面争得面红耳赤，毕竟，国家利益高于一切。苏联不会因为日本经济实力的强劲势头而乖乖屈服于日本的经济合作，日本也不可能因为两国的交往而在领土问题上一再退让。为了避免会谈陷入僵局，使心平气和的局面继续下去，聪明的中曾根先生话锋一转接着又说：“我毕业于东大法律系，你走出的是莫斯科大学法律系的门槛。我们俩同属法律系毕业生，理应了解国际法、条约和联合声明是何物。国际上都承认日本的主张是正确的。”

中曾根根据两人都毕业于法律系这一既定事实，适时抛出隐语，既然你懂法律，你就必须遵守国际法、条约和联合声明的规定，在法律面前，国与国之间是平等的，各国都必须互相尊重，苏联也不例外。

此时，戈尔巴乔夫也听出了日本首相中曾根先生的话外音，你说我不懂法律，我哪里是不懂法律啊，我只是为了国家的利益而已。戈尔巴乔夫巧借他们都学法律的话题，话锋一转，机智地避开了中曾根有关领土问题的锋芒。

这时，戈尔巴乔夫总书记笑容可掬地答道：“我当法律家亏了，所以变成了政治家。”巧妙地顺着对方的话题，以自谦的形式使云消雾散。

再看一则：

在20世纪70年代的中东战争期间，美国国务卿基辛格率领美国代表团前往埃及与总统萨达特进行和平会谈。会谈一开始，萨达特说了几句寒暄话以后，就让基辛格看了一个“埃及——以色列脱离接触”的计划。然后萨达特吸了一口烟，征求基辛格的意见，要他表态。

针对此计划，以色列要作出很大让步而埃及的交换条件又含糊其辞。所以基辛格不能同意。

精明老练的基辛格说：“在我们谈判手头的事务以前，可否请总统告诉我，你是怎样设法在10月6日那天如此成功地发动了那次令人目瞪口呆的突然袭击的？那是个转折点，我们现在所做的事，从某种意义上说，是这个转折点的必然结果。”

萨达特眯着眼睛，又吸了口烟，微笑着，放弃了要基辛格对计划表态的要求，而是应基辛格之求，兴致勃勃地讲起了那次袭击来。

基辛格在此巧妙地岔开话头，把话题焦点转入到对方有成就感的事件上来，满足了对方的虚荣心和自信心，使对方心情愉悦，谈兴十足。

话题转移法作为论辩中使用的诡道思路之一，是说话中巧妙地使谈话内容转移的一种说话构思法。其关键在于一个“巧”字，要善于顺着对方的话锋或抓住对方的心理，巧妙地将论辩主题转移，在不知不觉中绕开论辩锋芒。

仿拟有术，以其道治其身

在说话或论辩中常常可以仿拟对方说话的内容或思路，拟造一个与对方话语结构相同但意义与攻击方向相反的例子来对付对手，以其人之道还治其人之身。

这种说话的思路主要是利用事物之间存在着一种环环相扣的必然条件联系，甲现象必然与乙现象有关，乙现象又必然会引出丙现象。在一系列环环相扣的条件下，通过第一个条件可以得出另外一个意义相反的条件，用以制服对方，如：

明朝时，南昌宁王朱宸濠自恃是皇族后裔，一天到晚只知吃喝玩乐。有一次，他的一只挂着有“御赐”金牌的丹顶鹤独自跑到街上，被一条狗咬死了。朱宸濠气得暴跳如雷:“我这白鹤是皇上赐的,脖子上挂着‘御赐’金牌,谁家野狗竟敢欺君犯上,这还了得!”

当即,他命令家奴把狗的主人捆绑起来,送交南昌知府治罪,给他的白鹤抵命。

当时南昌知府名叫祝瀚,对宁王府的胡作非为很是不满,就对宁王府的管家说:“既然此案交我处理,请写个诉状来。”

管家耐着性子,写了个诉状。

祝瀚接过诉状,立即命令衙役捉拿凶手归案。

管家忙说:“人已抓到,就在堂下。”

祝瀚故作惊讶地说:“状纸上明明写着凶犯乃是一条狗,本府今日要审狗,你抓人来干什么?”

管家气急败坏:“那狗不通人言,岂能大堂审问?”

祝瀚笑道:“贵管家不必生气,我想只要把诉状放在它面前,它看后低头认罪,也就可以定案了。”

这时,管家跳了起来:“你这个昏官,走遍天下可有哪一条狗是识字的呢?”

祝瀚严肃地说道:“如果狗不识字,它也就不能认识鹤脖子上的金牌;如果狗不认识鹤脖子上的金牌,也就谈不上什么欺君犯上;如果狗不是欺君犯上,就不能处治狗的主人。”

几句话把管家说得哑口无言,只好作罢。

在这则对话中,祝瀚利用狗不识字不存在欺君犯上所以不能治其主人的罪的层层关系,把条件一层层分析透彻,最后辩倒管家。在此过程中,祝瀚只是反向地利用了管家的观点,仿拟他的思路而展开的。

运用这种方法在说话和论辩中进行构思,关键是要迅速地构造出论辩双方或对话双方相反的语言填入结构。解决这个问题可以从多角度去思考,如一果多因、一因多果或相似类比等逻辑思维。

而且，在运用仿拟这一思路反驳时，我们可以不去考虑所使用的表述结构是否正确，是否有效，只要与论敌的表述结构相同，就能够得到对方的认同，收到绝好的反击效果。因为仿拟只在于“破”，而不在于建立自己的论说体系。

有一个小孩在面包店买了一块两便士的面包，他觉得面包比往常买的要小得多，便对老板说：“你不认为这块面包比往常的要小一些吗？”

“哦，没关系。”老板回答道，“小一些，你拿起来就轻便些。”

“我懂了。”

小孩说着，就把一个便士放在柜台上。正当他要走出店门时，老板叫住他：“喂，你还没付足面包钱。”

“哦，没关系。”小孩有礼貌地说，“少一些，你数起来就容易些。”

在这则对话中，小孩并没有直接说出老板的回答是强词夺理，而是不动声色地以对方的思路为己所用，用对方的方法攻击对方，做到以牙还牙。

捕捉破绽，有理有利有节

利用矛盾战术不能毫无根据地把对方的观点说成是自己的观点，在认真权衡以后，应当抓住对方最明显的漏洞予以反击才能奏效。要有理、有利、有节。

辩论实践中，并不是每临突变都能当即捕捉到对手的“亡羊之牢”的。有时就是拿到了对手的破绽，也会因为时机、氛围的制约而不能当即派上用场。这时就要做好打持久战的准备了。

在“史无前例”的1966年，某厂厂办技工学校的物理教师郭××，奉命为红卫兵召开的“反击资反路线大会”安装扩音设备。在修理调试时，郭老师把耳朵贴近扩音机听了听，竟被诬为“偷听敌台”。顿时，郭老师竟成了一个“妄图推翻人民无产阶级专政的反动分子”，被押上了批斗台。为了壮大声势，红卫兵头头还“邀请”了工厂各部门的“革命群众代表”参加现场批斗会。大家知道，那是个有理讲不通的年代，更何况郭××是个不善言辞的人呢？

或许是因为这是一场“突发事件”，事先没有准备的缘故吧？除了有人上台读了一通临时拼凑的批判稿之外，再就是例行的呼口号，之后便出现了小小的冷场。几个会议主持人见状，忙凑到一起商议如何“加温”。

“郭××！你为何光天化日之下偷听敌台？”在沉寂的气氛中台下有人倏地发问。坐在台上的红卫兵头头看到有群众自愿参加批判，便停止了商议，一个个露出欣喜的神色。

“我……我实在没有偷听敌台呀！”低着头的郭××小心翼翼地分辩着。

“你还不老实！”只见刚才发问的人绷紧了脸，气冲冲地疾步登到台上——啊？吕××？台上的郭××顿时傻了眼。没等郭××反应过来，吕××又劈头问道：“那你耳朵贴近扩音机在听什么？”

“没听什么。”郭××忙不迭地回答，心头骤然升腾起一股愤恨——吕××啊吕××，咱们同学一场，真想不到你竟是个落井下石的无耻小人！

“没听什么？”吕××两掌一拍，“难道你耳朵是贴了一块铁板吗？能一丝声音也没有吗？”

“不不，机子里有嘈杂声，还有……”郭××语塞了，额上沁出细细的汗珠。

“还有什么？”吕××依然紧追不放。

“还有叽里咕噜的外国语——我听不懂。”郭 ×× 沮丧地回答。

“听不懂？你有没有学过英语？”吕 ×× 话锋一转。

“英语没学过，学校里学的是俄语。你不也跟我一样学的俄语吗？”郭 ×× 不由反诘起吕 ×× 来，目光带着哀怨。

“嗬，这么说你不知道扩音机里传出的是什么外国话？”“我真的不知道。”

“那就请在场的革命群众来证实一下扩音机里讲的什么话。”

台下没人言声。

“没有人出来证明，那就麻烦了！”吕 ×× 转向大会主持人，“据我所知，我国国际广播电台就是用外语向世界人民宣传毛泽东思想的，郭 ×× 听到的是不是这样的广播呢？”

一个主持人似乎觉察到了什么，急忙插话说：“也可能是外国对我国的宣传广播吧？”

“是的。”吕 ×× 大度地点点头，“既然两种可能都有，我们更应该慎重。我建议先写封信给中央人民广播电台问问清楚。若真是敌台，再定郭 ×× 的罪不迟；倘若真是我们对外宣传毛泽东思想，那可千万不能混作敌台啊！”吕 ×× 态度诚恳地提醒着人们。

“对，对，先弄清事实吧！”台下不少人应和着。

到了这一步，会议主持人无可奈何地同意了吕 ×× 的建议，当然不免同时要对郭 ×× 发出一通警告，然而郭 ×× 还是得救了。

吕 ×× 有勇有谋，于危难中助老同学化险为夷，其举可敬可佩。综观这一场闹剧，我们不难发现，吕 ×× 在反驳头头儿们的过程中，主要是运用了“巧妙周旋，待机反攻”的技巧。

可以想见，红卫兵头头对郭 ×× 的责难纯属诬陷，这一点吕 ×× 作为旁观者是看得一清二楚的。他决心为郭 ×× 打抱不平后，并没有正面地去为郭 ×× 辩解，而是来了个假戏真做的周旋——表面上站在头头儿们的立场，对郭 ×× 进行了一连串丝丝入扣的审问，其结果呢？是将郭 ×× 的受击点（偷听敌台）进行了大大的扩展，推导出这样一个为众人不得不接受的结论——郭 ×× 什么也没听懂。至此，周旋胜利结束，时机成熟，吕 ×× 开始了对头头儿们婉转有力的反驳：没人知道郭 ×× 听的是什么外语，我国国际广播电台对外宣传毛泽东思想也用外语，为慎重起见，我建议……最后一锤定音——倘若真是我们对外宣传毛泽东思想，那可千万不能混作敌台啊！如此绝妙的周旋反攻，无懈可击。

试想，在那个有理讲不清的年代，如果吕 ×× 不是通过周旋将矛盾焦点展开，向众人暴露出对手破绽之后再施反击，而是直截了当地替郭 ×× 据理力争的话，取胜的可能会有多大呢？恐怕是微乎其微了。

整合思维，表达游刃有余

即兴说话要求表达成为言之有理、言之有文、言之有序的演讲，就必须借助思维技巧，整理自己的思想，经过提炼加工使朦胧模糊的内部语言变得清晰明白，使片断、跳跃甚至不合逻辑的内部语言变成顺理成章、逻辑严密的演讲。

思维启动技巧对事先无准备的即兴说话尤为重要。即兴说话对问题感受的敏锐性，对主题本质的直接把握要靠直觉思维；即景生情，缘事而发，迅速地捕捉话题，组合说话内容要靠联想思维；令人茅塞顿开的奇思妙想，掷地有声的名言隽语要靠灵感思维；出口成章、言之有序要靠逻辑思维。所以演讲家的即兴之作，与其说是口才令人赞叹，不如说是思维敏捷、缜密令人折服。

下面就依次介绍这几种思维：

1. 直觉思维。又称科学思维，是人的思维直接洞察事物内部本质的认识方式，具有直接性、非逻辑性和整体性的特点。

2. 联想思维。由某人、某事、某物或某种概念，而引起与它相关的某些人、某些事、某些概念的一种认知心理现象。根据联想规律，可分为：接近联想、类似联想、对比联想和因果联想。

3. 灵感思维。灵感是科学家和艺术家在创造过程达到高潮阶段出现的一种富有创造性的心理状态。灵感思维常以其独特的突破性创新作用，居于创造思维过程的重要位置，正如我国著名科学家钱学森教授所说："凡有创造经验的同志都知道，光靠形象思维和抽象思维不能创造，不能突破，要创造要突破得有灵感。"

演讲是艺术，需要创造性思维；而高难度的即兴说话，以其临场性、突发性为特征，更需要以突发性、偶然性、独到性为特征的灵感思维。古今中外的著名演讲家那些才思泉涌、振聋发聩、妙语连珠的即兴说话，令人拍案叫绝，其奥秘在于他们不仅博学多才、口齿伶俐，而且善于诱发灵感思维。

灵感是显意识与潜意识通融交互的结晶，诱发灵感的机制序列链是：境域—启迪—跃过—顿悟—验证。

4. 逻辑思维。能使意会和言传相互渗透、补充，发挥创造思维的整体效应，使即兴说话的构思周密而严谨。在逻辑思维中有归纳推理、类比推理等思维形式。严密的逻辑推理，对提高即兴论辩的说服力有极大意义。

谋篇布局，整体考虑结构

即兴说话构思要解决好的一个问题是根据演讲主题思想的需要，按照系统整体性原则，精心进行演讲的结构布局。

即兴说话要特别注意结构的整体布局，即把握好表达的内部组织构造。整体布局主要是考虑表达的主体材料放在何处？次要材料放在哪里？要讲几个部分？是按时间顺序还是空间顺序表达？是先总说后分说还是先分说后总说？是递进式还是并列式？以及怎样开头，怎样结尾，怎样过渡，等等。总之，是对演讲全部内容及其形式的编织和安排。

整体布局要考虑主题的要求与材料的储备情况，要完整、严密、自然、生动，不可太死板，人云亦云，缺少变化。

整体布局的好坏直接关系到即兴说话的成功与否。因为一篇成功的演讲首先要求演讲者说话流利。吞吞吐吐，断断续续，这样既有损演讲者个人在听众心目中的形象，同时也会使听众失去听下去的耐心，从而使得演讲难以持续下去。如果演讲者一开始就布置好了整个演讲的程序步骤，即使中途遇到某种问题实在苦于谈下去，或是忘记某些具体的例子和数据等，也可以马上接着讲下一个问题，不至于出现“卡带”现象而让听众扫兴。

既然整体布局这般重要，那么怎样才能搞好整体布局呢？一般说来，整体布局可参考以下方法。

一是根据表现和突出主题思想的需要进行结构布局。宋代黄庭坚说：凡作一文，皆有宗有趣，始终关键，有开有阖；如四渎虽纳百川或汇为广

泽，汪洋千里，要自发源注海耳（《答洪驹父书》）。同即兴说话一样，主题思想犹如江河主流，虽然要容纳许多支流，在有的地方汇成大湖，主流还是从发源地流向大海。演讲结构布局的趋向、归属最终是主题。根据主题思想的需要来进行结构布局，繁多的材料、复杂的问题就都有条不紊了。主题思想一贯到底，演讲就自然不乱了。

二是根据客观事物的发展进程进行结构布局。即兴说话也是客观事物的反映，而客观事物总是在矛盾的不断产生和不断变化的过程中一步步地、一节节地向前发展。即兴说话的结构布局所要表现的，就是客观事物的发展进程。从客观事物发展进程的状况来看，反映到结构布局当中：一为有意义的时间，一为事物内部固有的矛盾。

以时间为序，不是记流水账，而是赋予时间以价值意义，让时间如导线，串起内容的颗颗珍珠，成为连缀全篇的纽带。

以事物的矛盾发展为线索，就是要反映出矛盾的产生、发展、高潮、解决的全过程。

三是根据问题的逻辑顺序进行结构布局。即兴说话要讲对现实问题的针对性，一个现实问题在演讲中提了出来，结构布局上就要考虑怎样符合问题的逻辑顺序，使问题得到最充分的发挥。根据问题的逻辑顺序结构演讲，不一定是时间为序，不一定是空间为序，也不一定是时空立体交叉，而是根据问题的内在逻辑规定的发展走向而定的。

四是根据形式美的要求进行结构布局。根据马克思主义关于形式与内容的辩证关系原理，演讲的结构布局是由演讲的内容所决定的，是为表现内容服务的；但形式又不是完全被动的，有它相对独立的意义。它对内容具有反作用。因此，聪明的演说家，不仅重视精选说话内容，而且十分讲究结构布局的美学，使即兴说话富有形式美。根据形式美的要求进行结构布局，就是要讲究演讲整体的集中、统一、和谐、合理，而这一切都要靠精心安排和巧妙组合。

此外，整体布局还可以采取以下方式。

1. 纵式：表达的开头、中间和结尾三部分内容如有时间先后关系，可运用纵式。

2. 横式：把若干地位大致相等的事物或问题，或同一事物或问题中并列的类别或侧面排列在一起而形成的一种结构方式。

3. 总分式：即表达的开头和结构有一处与中间层次具有总体与局部、整体与个别或一般与特殊的关系。

4. 递进式：指将表达中两个以上的层次排列成从浅到深、从低到高、从小到大、从轻到重层层递进的方式。

突出异点，体现说话价值

即兴说话要说的事情，未必是件新鲜事。俗话说："物以稀为贵。"一般情况下不常有、特殊情况品下才出现和发生的事情，具有新鲜性、独特性，因而具有较大价值。然而，客观事物本身的特异之点，也是它的价值所在。因此，即兴说话者在构思当中要求寻找和抓住事物或观点的非同一般人的特异之点，给听众以强烈的震撼和感染，从而让自己的演讲达到一定的功效。

所谓客观事物的"特异之点"，是由事物矛盾的特殊性所决定的。唯物辩证法告诉我们，任何事物都具有特殊性，"凡事莫不相异"，世界上找不到两片完全没有区别的树叶。不同的客观事物以及同类事物在不同的时期、阶段和条件下，都各具特殊性，呈现鲜明的个性特点。许多特异之点愈是鲜明突出的作品，其鲜明性、深刻性、普遍性和趣味性就愈强，价值

就愈大。

在即兴说话构思的时候，一定要注意意义的特异之点。具体表现在：一是全新的思想内涵，就是代表着一个新领域被开拓具有创造性的思想成果。二是发展了的思想观念，就是在过去基础上前进了的新趋向、新苗头。三是更加深刻的思想本质，就是对事物的规律性揭示得更为深刻的新主题、新观点。意义上具有特异之点的事物，能给人以新颖的思想启迪和独特的审美享受。

那么，即兴说话怎样向深处开掘，找到并突出显示事物特异之点呢？

首先，从重复的题材内容中寻找出特异之点，赋予老题材以新的价值。事实上，重复题材也不再是原有意义上的题材内容，不可能与原有事物一模一样，它总呈现出不同于原有事情的特异之点，通过这个特异之点区分出新旧，显示出新的价值来。从重复题材中寻找特异之点主要有三个途径：一是寻找事物发展过程中的新事实。二是寻找换位观察所能获得的新认识。就是移动一下站立的位置，改变一下观察的角度，对重复题材进行新的立体透视，从而抓住过去不曾发现过的特异之点。三是寻找新的条件下事物表现的新形式。就是注意抓住条件变化后重复题材外在形态上的新特点，运用最新颖、最适宜的表现形式，从而改变老题材的旧面貌，以获得新的价值。

其次，从习以为常的现象中寻找出特异之点，将普遍的事物写成极有价值的好文章。有人认为，习以为常的现象，司空见惯的事情，没啥出奇特异之处。这是对习以为常的现象也有不寻常之处的误解，是对司空见惯的事物缺乏深入挖掘和具体分析比较而产生的片面认识。成功经验表明，只要善于找出寻常现象中的特异之点，往往就能使普通的材料变成精彩的内容，从而产生出极有价值的演讲。其方法途径有：

1. 深入挖掘，在本质上找出特异之点。事物的性质是由其本质决定的。由于复杂的原因，现象与本质经常发生背离，现象歪曲地反映着本质，因而现象与现象之间就常常产生某些相似或雷同，把真实的具有个性的本质掩盖了起来。这就要求我们深入到内部，找出其本质上的特异之处，从而挖掘出寻常现象后面的不寻常的价值。

2. 联想比较，从意义上找出特异之点。运用联想比较的方法，打破时空界限，把某个寻常的现象放到广阔的社会背景下去衡量，一下子就能发现事物的特异之点，衡量出它的特殊价值。这种联想比较，既有纵向的，也有横向的。

再次，从不起眼的细微琐事中寻找出特异之点，以小见大地揭示事物的普遍意义。人们常说：小事不小。小事之所以不小，是因为它并非一般意义上的小事，而具有特殊的深刻内涵，具有很大的价值，也就是这类小事带有某些超常的性质。具体表现有：一是显示细小数字上的特异之点；二是显示细微心理上的特异之点；三是显示细节上的特异之点。

注重方法，受众口服心服

如何说服对方，使对方相信自己并产生行动是一件很难的事。只有掌握方法，加上临场巧用，才能达到目的。

1. 寒暄切入法

与人交谈，首先必须促成一种情绪高潮，使对方思维呈开放状态。一般来说，轻松的话题，随意的寒暄，可促成双方心理上的和谐。

1980 年 8 月 21 日，意大利女记者奥琳埃娜 · 法拉奇访问邓小平。她的访问是从寒暄开始的。

法：“邓小平先生，明天是您的生日，祝您生日快乐！”

邓:“我的生日？我的生日是明天吗？”

法:“不错，邓小平先生，我从您的传记中知道的。”

邓:“既然你这样说，就算是吧！我从来不知道什么时候是我的生日，就算明天是我的生日，你也不应祝贺啊！我已经七十六岁了。七十六岁是衰退的年龄啦！”

法:“邓小平先生，我父亲也是七十六岁了。如果，我对他说那是一个衰老的年龄，他会给我一巴掌呢！”

访问气氛就这样十分融洽而轻松地形成了。

运用此法要看准时机，语气充满感情，适时进入正题。

2. 先发制人法

先发制人法指抢先在对方心理上造成一种占据的优势地位，在对方言行取得主动之前发起攻势的言语制胜法。

“西安事变”后，张学良没有听从共产党劝告，送蒋介石回南京，结果被蒋扣押。张学良部下将士错怪共产党，杀气腾腾地闯进周恩来同志临时住所。

在这紧急关头，周恩来同志霍地站起，猛地一拍桌子，先发制人说:“你们要干什么？你们这是要救张副司令吗？你们的行动恰恰是帮了蒋介石的忙！是蒋介石所欢迎的！这恰恰害了张副司令！你们是在犯罪！”

周恩来的一番言辞字字铿锵，句句有声，煞了这几个狂徒的威风，打下了他们的气焰，取得了良好的效果。

3. 顺势疏导法

对一些人的错误言行，并非一定要从相反的方向迎头攻击，而可从他当时固有心理出发，看准关键之处下手，以解除对方心头症结，使之豁然开朗。

1962年秋，郭沫若游览普陀山，无意中看到一个日记本，上面写道:“年年失望年年望，处处难寻处处寻。”横批:“春在哪里”。再翻一页，写有绝命诗一首。郭沫若看罢叫人寻找笔记本失主。终于找到了，是一位神色忧郁、行动失常的姑娘，因爱情受挫，决心以死归普陀。郭老一面耐心开导，晓之以理，一面关怀地说："这副对联表明你有一定的文化水平，只是下联和横批太消沉了，我替你改一下，你看如何？"姑娘点点头。郭老把对联改为："年年失望年年望，事事难成事事成。"横批是"春在心中"。姑娘看后茅塞顿开，深受教育。

4. 一针见血法

对一些执迷不悟、麻木不仁者，可一针见血指出其错误。

有一位中学生，自以为看破红尘，认为世人都是虚伪的，并多次在作文与言行中流露出走的想法。有次不顾劝阻，真的出走了。班主任知道后，立即骑车追寻，好不容易找到了他。回校后，班主任针对这位学生存在的糊涂认识，一针见血地指出其错误："你认为人与人之间不存在真实，可是，你临走时给我写信，这说明你对老师的爱是真实的；你信中说要我多送几个同学升学，这也说明你对我们班的爱是真实的；你对父母、姐姐的爱也是真实的。在你身上存在着这么多真实的成分，难道别人就会是虚伪的吗？"

老师的话在他心中引起了强烈震动，他沉痛地垂下了头。一针见血，往往技巧简单，容易伤对方的自尊心。使用时要分析情况，看准场合。

5. 借此说彼法

利用两个事物之间的某一相似点，借甲事物来说明乙事物，不仅通俗易解，且有很强的说服力，往往能收到事半功倍的效果。

唐太宗为了扩大兵源，想把不在征调之列的中年男子都召入军中。宰相魏徵知道后对他说："把水淘干了，不是得不到鱼，但明年恐怕不会有鱼了；把森林烧光了，不是猎不到野兽，但明年就无兽可猎了。如果中年男子都召入军中，生产怎么办？赋税哪里征？"太宗无言以对，只好收回成命。在这段话中，魏徵借用两年与主要事件相类似的事例作比，很有说服力。

6. 正话反说法

这种方法取自修辞学中的正话反说，把原批评的话，从相反的角度，用表扬的形式表达出来。

某校一年级新生军训，一位学生因训练不认真，三次打靶三次剃了“光头”，使全班的团体总分成为全年级倒数第一。打靶回来的路上，班主任一捶这位学生的肩膀，笑着说：“嗨，三次你都‘吃烧饼’，靶子以外的地方都打中了，也真不容易啊！”老师不乏幽默的“赞扬”引得了同学们的笑声，连这位学生也忍不住笑了。但笑过后，抓了半天后脑勺，很不好意思。

7. 侧击暗示法

侧击暗示法即通过曲折隐晦的语言形式，把自己的思想意见暗示给对方。这种方式既可达到批评教育的目的，又可避免难堪的场面，所以常被人使用。

19 世纪著名的意大利作曲家罗西尼，一天，一个作曲家拿着一份七拼八凑的乐曲手稿来请教他，演奏过程中，罗西尼不停地脱帽。那位作曲家问他：“屋里太热了？”罗西尼回答说：“不，我有见到熟人脱帽的习惯，在阁下的曲子里，我碰到那么多熟人，不得不连连脱帽。”罗西尼巧妙地用“那么多熟人”来暗示曲子缺乏新意，抄袭太多，既含蓄又明确地向对方表明了自己的看法和意见，既不伤情面又达到了目的。

点面结合，给人可感认识

即兴演讲和说话者往往在说话前构思好了一定的内容和较好的材料，

却忽略了去想一下如何表达，以致最后说不出血肉丰满、令人激动的好段子来。所以，在即兴说话中，人们为了把事情的来龙去脉表达得清清楚楚，把故事的演进描绘得生动感人，就常常考虑采用有点有面、点面结合的方法。

所谓点面结合，就是把个别和一般、普遍和典型、整体和部分和谐有机地结合起来，使二者相互补充，相互生发。这样，既突出了重点，又照顾了一般；既能给人以总体认识，又能给人以具体的印象，从而达到更理想的表达效果。

点面结合是艺术辩证法在即兴说话中的具体体现，也是人们认识事物本来面貌的实际需要。因为任何事物、任何情况，都是点和面的结合与统一。点存在于面，面包含着点，离开面的点或有面而无点的现象从来不存在。由于面是通过具体的点来表现的，点又必然和面紧密联系着，所以，正确处理点和面的相互关系，正是客观事物实际情况的反映，也是人们认识事物的必由过程。而我们即兴说话的目的，也就是要让听众认清所说事物的本质，从而有所感触或启发。由此可见，点面结合构思法在即兴说话过程中的重要地位。

点面结合的构思法，在不同的说话中，结合内容表达的需要，可形成多种不同的形式。有的说话先说面后提点，即在先总说的情况下，再细致道出典型事例。有的说话先说点再说面，也就是由个别向一般推进的说法。因为人物、典型说得充分具体，就能由点联结成面，归结为总的认识。但一般说来，即兴说话是点与面夹说，二者没有先后之分，说法视表达需要而定。

就这种方法的运用来说，点面结合并不是“半斤八两”各占一半，而是要根据内容表达的需要，灵活适当地安排使用。有的情况下可以以面为主，但更多的情况却是以点为主。

点面结合作为一种经常运用的构思法，它的作用在于多方面地展示社

会，从不同方面表现社会的活动，揭示其间的关系和规律，使得讲述的对象栩栩如生、真实生动；同时，又可使整个说话起伏不平、转换多变，避免平铺直叙、呆板单调的弊病。这样可以增强说话的表现力，收到理想的效果。

但是，值得注意的是，点和面也是为反映社会、表现主题服务的。如果不是首先着眼这一点，而脱离了这种需要，单纯追求某种技巧，那就本末倒置了。其次，点和面的关系必须一致，即点是面中的中点，面是点连成的面，二者应像红花绿叶那样，互相映衬，互相生发，共存于统一的生活画面之中。再次，点、面在说法上，一般是面的语言要概括、简要，目的在于勾画出总体概貌；点的语言要具体、形象、生动，主要在于刻画被说对象的具体特征，给人以可见可感的认识。

由于点能具体、生动地体现面的特色，面能深刻、明确地揭示点的内涵，这就可以构成疏密相间、有点有面的艺术画面，从而使说话更具艺术性和感染力。

形象构思，塑造可感意象

即兴演讲和说话构思中的形象思维，是区别于抽象思维即理论思维的一种思维类型。它是通过感性形象来反映和把握客观事物的思维活动。在这种活动中，在遵循真实性原则的前提下，把反映事物的色彩、线条、形状等形象信息摄入大脑，通过联想、想象、象征、比喻等手法，再现某一事物的存在状态，描绘出崭新的具有独特个性的形象，并用它去揭示现实生活及其周围事物的本质，使其具有普遍意义和重要价值。可见，形象思

维在即兴说话构思中是有着创造性作用的。充分发挥形象思维在构思中的创造性作用，对于增强说话的新鲜感、视觉性，改变其单调、枯燥的沉闷格局，提高价值，都具有可行性、有效性。

那么，形象思维在写作构思中有哪些作用呢?

一是能够集中、鲜明地再现实际生活，深刻揭示事物的内在本质。形象思维属于较高形态，是一种对感性认识的提升活动。提升后的形象思维能够集中、鲜明地再现实际生活中的情景，深刻揭示现实生活及具体事物的本质。这种揭示是通过形象所蕴含的思想性来实现的。亦即说话人通过形象思维，依据客观真实的形象素材，集中精力，描绘出既有鲜明个性又具普遍共性的鲜明形象，寓思想于形象之中，让形象发言说话，从而揭示其内在本质。

二是能够细致、逼真地描绘客观事物，富于独创性地使被说的形象令人耳目一新。形象思维在整个即兴说话过程中都离不开具体的形象，它是通过形象具体地反映和描绘周围环境和生活的，一旦没有了具体形象，思维就变成了干巴巴的说理，也就不成其为形象思维了。在即兴说话中运用形象思维，就能通过事物在形象上的差别区别出新旧，从而舍弃陈旧的东西，推出具有新鲜感的形象来。形象又总是和具体的、细节的东西结合在一起的，因而即兴说话在构思中的形象思维具有具体性、细节性的特点。运用形象思维能够细致、逼真地描绘事物，使说出的事物的形象具有个别差异性，从而令人耳目一新。

巧用理据，表达事半功倍

即兴说话中，某些事物描述不周或是某个论点论证不全，常常困扰着说话人，其实，如果他们想到要用理据这个工具的话，问题就解决了。我们说，一个事实之所以具有价值，一个人物之所以值得表扬，都不是平白无故而是具有一定理据的。理据是即兴说话当中一个必不可少的因素。

善于寻找和使用理据，可以使说话具有客观性，而且能突出新的特征，让“旧事物”起“死”回“生”。因此，有经验的演讲者都非常注意发现使某个事实值得变成说话的理据。

进行即兴说话构思应重视寻找理据、使用理据。

一、引用某个权威机构或个人提供的资料或见解作理据。这是即兴说话以及论辩等场合用得最多的一种理据。所谓权威，是指某些人有超出常人的智慧和功绩，并在某一领域有着非凡的建树，说话人就以这种权威作为思考、论证的前提和基础，将权威视为真理的化身，一味地以之为据来立论、反驳。这种对权威的迷信思想，往往能达到预期的效果。在《战国策·燕策二》中记述了这样一个故事：

有一个人牵了一匹骏马到集市上去卖，接连几个早晨，都没有人买，连一个问价的都没有。于是，这个人眉头一皱，计上心来。他想，伯乐是个相马的专家，如果把他请出来，帮助想个办法，这马一定很快就会卖掉。伯乐答应给予帮助，他来到集市上，在这匹马的身边看了两眼，回过头又看了一眼，然后就走了。购买者认为能够得到伯乐青睐的马，一定是匹好马，纷纷抢购。那匹骏马的价格也一下子抬高了十倍还多。

这就是权威效应。伯乐是相马专家，在这门知识上具有权威性，以及由此引起一般人对他的崇拜。只要专家们对某一事物作出评价，一般人都会相信。于是即兴说话者应想到用他们的权威来发表自己的观点，虽然有点“狐假虎威”，但效果的确是事半功倍。

二、以最新获得的进步和工作成果作理据。这其实也是在利用现代高速发展的科技的权威。因为随着科学技术的进步，许多以前令人迷惑不解的东西现在都“真相大白”，因此，很多问题只要你摆出科学的道理，那么，别人也就信服你。

妙用悬念，激发听者兴趣

即兴说话是说话人和听话人之间的事，因此，即兴说话构思时，既要考虑个人该怎么说，同时也应替听众想想：他们怎样听。这当中就有一个兴趣的问题。为提高听众兴趣，有效地解决问题，构思的同时应考虑适当地使用悬念。

所谓悬念，是人们急切期待某种事物发生、发展、结局的心理状态。即兴说话时巧设悬念，可以不断地勾引读者的迫切期望和悬想意识，使读者产生浓厚的探究心理和倾听兴趣。

设置悬念的方法很多，可以运用与内容相关的实物；可以运用突然发出，与主题反差较大的情感；可以运用听众一时难以回答上来的串词；可以运用带有夸张色彩的动作；可以运用录音、幻灯、录像设备等。

悬念的设置要注意的是：新奇，产生出人意外的效果；形象，处在听众情理之中；到位，表达圆满自然。

设置悬念的位置，有的在开头，有的在转折处，有的干脆多层设置，一悬到底。

一、在即兴说话的开头设置悬念，勾引听众最初的倾听兴趣。

二、在即兴说话的转折处设置悬念，吸引听众产生新的倾听兴趣。

三、在即兴说话中多层次地设置悬念，勾引听众一猜再猜，甚至一猜到底，使听众保持对整篇说话的倾听兴趣。

悬念的产生得利于一些事实存在的不合理性。突然将一些令人莫名其妙、迷惑不解的事情推到人的眼前，悬念随即产生。

其实，构成悬念的因素是多种多样的。

1. 突兀的提问构成悬念。问题，总是听者所关注的，特别是那些与听者的工作、生活密切相关的问题。而问题仅仅是个“？”号，还需要有下文。所以，问题本身就是悬念。问题提出得越突兀，悬念的勾引力就越强。

2. 以新鲜、奇异的事物构成悬念。新鲜、奇异的事物后面，隐藏着新事为什么新、奇事为什么奇的悬念。构思即兴说话的悬念，精心选择、运用新奇事实材料，可使悬念高高吊起读者的倾听“胃口”。

3. 以鲜明的对比差异构成悬念。对比差异就是矛盾。越是鲜明的对比，越是悬殊的差异，就越引人注目，就越能强烈地勾引听众去探究原因，推动听众去了解矛盾的发生、发展和最后结局。

4. 以越轨、反常行为构成悬念。正常的事儿人们不足为奇，超越常规，一反常理、常态的行为，人们就要感到好奇了。构思即兴说话的悬念，巧妙借助越轨、反常的事实材料，可收到出人意料、引人入胜的效果。

5. 以惊人的结论构成悬念。以倒叙方式布局的说话，常采用这种思路设置悬念。听众闻及说话被惊人的结论所吸引，就会进一步去研究这个结论是凭什么得出来的。所谓惊人的结论，不外乎言别人所不能言、不敢言、说别人欲说但尚未说，讲别人心中所有而言中所无的肯定或判断之语。

此外，一般说来，说话中的悬念多用于开头。以“惑人”为开始，以“解惑”为主体，是以悬念为开始的言语表达的共同特征。

巧用幽默，对手甘拜下风

论辩，是探索真理、获得成功的有效手段。在其构思过程中如能考虑到幽默，那一定会辩才高绝，难遇敌手。

下面我们先看看生活中的论辩。

对上帝是不是万能这个问题，在古代就长期争论不休。本世纪的神学家曾宣称：上帝是无所不在、无所不能的。世界就是由这个全知、全能、全善的上帝创造出来的。对此，有个经院哲学家反驳说：“上帝能否举起一个连自己也举不起的石头？”

这位哲学家运用二难法巧妙地使“上帝”陷入进退两难的维谷。无论是回答“能”或“否”都不能自圆其说，让那些有神论者左右为难。

论辩是一门艺术，有很多运用的方法，但无论是请君入瓮也好，还是暗度陈仓也好，以及旁敲侧击、以守为攻等，都包含着幽默的东西在其中。

有一次，阿凡提去集市买毛驴，卖驴的地方挤满了乡下来的农民。其中有个衣冠楚楚的人经过这里，说道：“这个地方不是农民，就是毛驴。”

阿凡提听了，上去问那人道：

“先生，您是农民了？”

“不，我不是农民。”

“那是什么呢？”

“……”

面对衣冠楚楚者的表达，阿凡提巧妙地运用“非此即彼”的方式让其回答，几声追问，让对方窘态百出。

丹麦著名童话作家安徒生一生俭朴，常常戴顶破旧的帽子在街上游逛。

有个家伙嘲笑他说：“你脑袋上边的玩意儿是个什么东西，能算顶帽子吗？”

安徒生回答说：“你帽子下边的玩意儿是个什么东西，能算个脑袋吗？”

安徒生以其人之道还治其人之身，如法炮制，还以颜色，令那嘲讽者半天回不过神来。

在赛场论辩时，幽默更是一种威力巨大的武器，能巧妙地表达观点，控制场上气氛，给对方造成心理压力。比如，在第二届亚洲大专辩论会关于“儒家思想可以抵制西方歪风”的辩论中，反方复旦大学队有这么一段辩词：

“在孔子时代也有歪风，正所谓歪风代代都有，只是变化不同。孔子做鲁国司寇时，齐国送来了一队舞女，鲁国的季桓子马上‘三日不朝’。而对这股纵欲主义的歪风，孔子抵御了没有呢？没有，他带着他的学生‘人才外流’去了。”这段辩词巧妙地古今连用，运用典故，切题新颖。“人才外流”一语更是神来之笔，因而取得了极好的论辩效果。

幽默以其巨大的力量被论辩家们称为“幽默炸弹”。“幽默炸弹”在赛场上轰炸，往往会取得意想不到的效果。比如，为了驳斥剑桥队的“温饱决定论”，复旦队对裴多菲的诗稍做改动：“生命诚可贵，爱情价更高，若为温饱故，两者皆可抛。”很有说服力。又如，在辩论艾滋病问题时，复旦队又风趣地说：“如果哪个人给艾滋病‘爱’上的话，恐怕是“此恨绵绵无绝期’吧！”

论辩时，幽默要能切时切境，天衣无缝。一般借用一些人名、地名、诗句、对联等表达新意。如：“我们多次问对方，善花里面如何结出恶果，

对方说要浇水、要施肥呀。那我就不懂了，大家都承蒙这个阳光雨露，为何有那么多的罪恶横行这个世界呢？难道这个水、那个肥还情有独钟吗？为何不跟罪恶做潇洒的‘吻别’呢？”

论辩中运用幽默手法是一种极为有效的制胜术，它能直接体现辩手知识水平、思想素质、语言表达能力的高下。运用幽默来阐述或批驳对方观点，会产生极好的论辩效果。

下篇 技巧方略篇

| 政治类 |

缔造并保持公正永久和平

题析

这是林肯在联邦危急之时、南北开战之际，为挽救联邦、重新统一美国而发表的一篇著名的政治讲话。重点是强调公正和呼唤永久和平，其目的是号召广大人民为争取公正与和平而斗争。

构思提示

讲话的中心是缔造并保持公正永久和平，说明有不公正和反和平的现象存在，因此，讲话可以围绕“为什么、怎么样”来展开。

思路：①首先着重论述矛盾的不可调和与战争的爆发；②接着强调战争带来的痛苦；③最后开诚布公心存宽厚、坚持正义、缔造并保持和平的思想，明确战后的任务和工作方针。

范文

缔造并保持公正永久和平（节选）

林 肯

四年前我就任总统时，同胞们的思想都焦急地集中在日益迫近的内战上。大家都害怕内战，都想避免内战。当我在这个地方发表就职演说，竭尽全力想不经过战争来拯救联邦时，叛乱分子却在这个城市里图谋不经过战争来毁灭联邦——企图以谈判方式解散联邦并分割财产。双方都表示反对战争，但一方宁愿发动战争也不愿让国家生存，而一方则宁可接受战争

也不肯让国家灭亡，于是战争就爆发了。

我国全部人口的八分之一是黑人奴隶，他们并不是遍布于联邦各地，而是集中在联邦南部。这些奴隶构成了一种特殊的、重大的利益。大家都知道，这种利益由于某种原因竟成了这次战争的根源。叛乱者的目的是加强、永保和扩大这种利益，为此，他们不惜用战争来分裂联邦，而政府却只是宣布有权限制享有这种利益的地区的扩大。双方都没有料到战争竟会达到如此规模，历时如此长久。双方也没有预期冲突的根源会随着冲突本身而消除，甚至会提前消除。各方都期望赢得轻松些，期望结局不至于那么涉及根本，那么惊人。双方同读一本《圣经》，向同一个上帝祈祷，而且都乞求上帝的帮助来与对方为敌。看来十分奇怪，居然有人敢要求公正的上帝帮助他们从别人脸上的汗水中榨取面包，但是我们且勿评论别人，以免被人评论。双方的祷告不可能都应验。也没有一方的祷告全部得到应验。全能的上帝有他自己的意旨。“这世界有祸了，因为将人绊倒，绊倒人的事是免不了的，但那绊倒人的有祸了。”如果我们设想美国的奴隶制是按照天意必然来到的罪恶之一，并且在上帝规定的时间内继续存在，而现在上帝要予以铲除，于是他就把这场可怕的战争作为犯罪者应受的灾难降临南北双方，那么，我们能看出其中有任何违背天意之处吗？相信上帝永存的人总是把天意归于上帝的。我们深情地期望，虔诚地祷告，这场巨大的战争灾祸能够很快地过去，但是如果上帝要它继续下去，直至奴隶们250年来无偿劳动所积聚的财富全部毁灭，或如人们在3000年前说过的，直至鞭子下流出的每一滴血都要用剑下流出的每一滴血来偿还，那么今天我们还得说：“主的审判是完全正确和公正的。”

对任何人不怀恶意，对一切人心存宽厚，坚持正义，因为上帝使我们看到了正义，让我们继续努力完成正在从事的事业，包扎好国家的创伤，关心那些肩负战争重任的人，照顾他们的遗孀孤儿，去做能在我们自己中间和与一切国家之间缔造并保持公正持久和平的一切事情。

入关作战紧急动员

题析

此题目的关键是在“动员”二字，其目的是在于调动战士们入关作战的积极性。这是 1948 年 11 月 19 日罗荣桓在东北野战军政治工作会议上发表的紧急作战动员。

构思提示

这是罗荣桓同志对各纵政委、主任们的动员工作。同时不仅只在于动员干部，而且还要求干部们做好部下战士们的动员工作。

思路：①先分析目前全国的形势及我军目前所处的优势。②总揽全局分析全国胜利的新希望，激起战士入关作战、解放全中国的激情。③条分缕析各纵主任委员们所需做好的动员工作及动员方法。

范文

入关作战紧急动员

罗荣桓

同志们，我们现在的任务是立刻进关！一两天后部队就出发，去拿下天津、北平！全东北的解放对于全国形势说来，是一个总的突破。

为什么这样讲呢？第一，东北的敌人是蒋介石最精锐的部队，这些部队的被消灭，包括起义、投诚，害得蒋介石吐了两次血，使得各个战场上的敌人更加混乱。第二，我们东北的部队更加强大了，我们的装备已超过敌人。我们百万大军就要入关，加上华北战场的我军，这个力量是很大的。第三，东北工业发达，又有铁路运输，可以支援全国解放战争。

这个胜利的取得不是偶然的，是东北全党全军在东北局统一领导下坚持三年的人民解放战争，发展了人民解放事业，执行了党中央和毛主席的路线、方针和政策，实行了土地改革，恢复了铁路运输，发动了广大人民的生产积极性，建设了强大的人民军队的结果，也是全体指战员的英勇忠诚和掌握了熟练的技术战术的结果。特别要提到的是塔山7天7夜的阻击战，锦州31小时的攻坚战，辽西黑山阻击战，天虎山的围歼战，向沈阳、营口7天7夜的追击战，打得都很好。此外，我们还受到了华东我军攻克济南及各兄弟部队在其他战场取得的伟大胜利的鼓舞。

现在，党中央命令我们立即进关，因此必须紧急动员起来！现在的情况下允许我们再有一个月的休整。全国形势正急转直下。蒋介石想撤退华北，傅作义想同我们谈判，又想向西逃跑，和“三马”会合。徐州战役已经歼灭了敌军的19个师，战役还在继续。现在敌人的阵营已经更加混乱而且还会有更大的变化。……关于部队行动的计划，我们已经向各纵队发了电报，恐怕等不得同志们回去，部队就要动员了。怎样动员法呢？刚才我们开了一个会，我在这里说这么几条：

第一，要指出东北全部解放的胜利、华东解放、济南的胜利、徐州的胜利，已经造成敌人很大的混乱，敌人总崩溃的形势已经形成了。我们要迅速夺取整个华北，争取全国的胜利，不让敌人死灰复燃、卷土重来。

第二，现在我们的力量已经很大了。我们的力量已经大大超过了敌人。中央在9月政治局会议上估计只要5年时间就可以打倒蒋介石；打下锦州后中央又估计只要4年即可；打下沈阳，解放全东北后，中央来电报说，我们的估计落后了，从现在起，只要1年左右，就可以把蒋介石从根本上打倒，取得全中国的胜利！

第三，要说清楚“8·15”日本投降以后关内解放军奋进东北，坚持了东北人民解放战争，实现了全东北的解放，在这个过程中也得到了关内各战场伟大胜利的配合。现在，东北解放军进军关内，和关内解放军配合起来解放全中国，是义不容辞的，是光荣的任务。同时，还要指出，只有全国解放了，东北的胜利才能巩固，农民分得的土地才能保持。

第四，东北战士怕入关，怕离家远了将来回不来了。要向他们解释，解除这个顾虑。胜利已经快来到了，我们最多只有1年即可以求得全国的胜利。全国胜利后，铁路都修通了，回家是容易的，那时是光荣的凯旋回归。如果现在要逃跑回家去，那是泄气，那是耻辱，不仅没有人欢迎而且还会被欢送回部队来，过去立的功也丢了。这个道理，要对战士们说清楚。对于刚刚补入部队的新兵和解放战士，更要多做思想工作。

第五，要动员我们的干部。现在干部中少数人发生了落后的想法：什么东北解放了，该享受享受了！什么年龄大了，身体不好，要休息，要求做地方工作啊！这种思想是不对头的，要批评！

所有的干部都要学习三纵队罗舜初政委革命到底的精神。他在辽西战役时被飞机轰炸震伤了耳膜，在这里休息。他要沙克副司令员回去告诉部队，他不久就回去，一定要进关去，走不动，爬也要爬进关去。就要有这种劲头。全国胜利只有一年了，咬咬牙就过去了。新的一年是全国大解放的一年。要克服不想前进的想法。身体不好也要坚持下去，不准许请假，身体不好也只能短期在部队休息，不能离开部队，不准许请求调动工作。全国胜利的时候已经到来了，这是对自己的斗争历史作总结的时候了，你为什么在这做总结的时候当孬种呢？要在干部中好好把这个问题讲清楚，要大家鼓起这把劲儿来。

摘自《著名军事家演讲鉴赏》

北美是不可征服的

题析

既然是不可征服的，就用不着浪费精力千方百计去征服。这其实也就是讲话者在给征服者敲响警钟。

构思提示

这是威廉·皮特在英属北美殖民地爆发人民用暴力推翻英国殖民统治且英军损失惨重的情况下发表的讲话。在现实和理性中发掘北美是不可征服的真谛，以此奉劝国会不得对北美使用武力。

思路：①首先步步紧逼地把英国面临的艰难处境客观地呈现在各位议员面前，同时斥责那些把英国拖入战争、还要议员支持他的无望的军事行动的部长大人，使听众不得不对今非昔比的英国现状去思考、去回味；②用确凿的事实，进一步呼吁国王去除幻想，并阐明北美是不可征服的历史论断。

范文

北美是不可征服的

威廉·皮特

各位议员，这是个危机四伏的非常时期。现在不是歌功颂德的时候。在这道路坎坷、征途艰险的时刻，甘言谀词不能解救我们。现在必须向我王晓以真情，如有可能，我们就一定要设法使王室抛弃幻想，不受蒙蔽；我们要将大祸临门的真相完全暴露出来。各位部长大人，你们难道还能昏昏然自以为可以得到国会的支持吗？难道国会对自己的尊严与职责观念如此牢固，竟会受骗以致丧失尊严、背弃职责吗？对于带给我们屈辱累累、厄难重重的措施，竟会无限度支持吗？这些措施已经使我们这个一度繁荣昌盛的帝国陷入灾祸，蒙受羞辱。昨日，英国犹巍然屹立，可与世界抗衡，今天，已无人低下地向她致敬了。各位大人，法国侮辱了你们，并怂恿支持北美，且不谈北美的是非曲直，为着保持我国的尊严，你们也该斥责法国插手我国内政的侮人行为。我们的各位部长大人是否还能容忍这样的屈辱呢？他们是否连不满的表示也不敢流露呢？为了表示有意挽回他们的声誉与国家的尊严，他们敢要求法国黜逐北美的全权大使吗？各部长惯于轻蔑地把北美人民称为乱党，但是他们已经强大起来，成为我们的敌人了。为了与北美人民对敌，各部长已把我们的国家拖入战争，还要我们尽全力支持他们无望的军事行动。这个被斥为反叛、视作敌人的民族受法国怂恿起来反对你们。你们的死敌法国供给他们一切军需，与他们商讨利益，款待他们的大使，我们的众位部长大人却不敢严正有力地出面干预！

诸位议员，这种使我们既不能动而取胜又不能挫而不屈的处境，要求我们以最强烈的措辞和最响亮的声音说出事实真相，使陛下开目启听，去除幻想。我敢说你们无法征服北美。你们目前在北美的处境如何？最坏的情况我们还不知道，但已知在三次战役中，我们一无所获并损失惨重。你们可以更加不惜代价地增加一切可用的开支，用尽一切力量，乞求、借贷一切助力，同那些把炮灰送到外国的、地小力微的德国王子做买卖。但是，你们的努力是永不会奏效的，特别是你们倚赖这种雇佣兵的援助，其作用适得其反；因为你们用掠夺成性的卑贱兵去滋扰他们，把他们及其财产置于雇佣兵的蹂躏之下，只会更加激起你们敌人无法平息的仇恨。倘若我是北美人，正如我现在为英国人一样，当外国军队侵入我国国境，我绝对不会放下武器。永远、永远、永远不会！

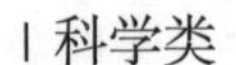

真理面前半步也不后退

题析

这篇演说是布鲁诺向宗教教义发出的宣战书。其主要内容在于他坚持真理、战胜邪恶的信心与勇气。“真理面前半步也不后退”正是他舍身成仁、为真理而献身的真实写照。

构思提示

自己的科学成就不能被人理解，为战胜邪恶，他从心底里发出了呐喊。

思路：①向人民表示自己坚定的信念和立场，表明自己必胜的信心，胜利的一天总会到来；②向宗教的虚伪和罪恶发起挑战；③表明自己的观点。

范文

真理面前半步也不后退（节选）

布鲁诺

……

你放心吧，这样的一天总是会到来的。那时所有的人都会明白我所明白的东西。那时所有的人都会承认：对于每一个人来说，同意你的见解并颂扬你是那么容易做到，就像要比得上你却那么难于做到一样：所有的人，凡不是从头坏到脚的人，总有一天会在良心驱使下给予你应得的赞扬。要知道，打开理性的眼睛的，归根到底是内在的教师，因为我们理解思想上的财富并不是从外部，而是从内部，从自身的精神得到。在所有人

的心灵中都有健全理智的颗粒，都有天赋的良心，它耸立于庄严的法庭之上，对美与恶、光明与黑暗进行评判并作出公正判决。你那良好事业的最忠诚、最卓越的捍卫者之所以能从每一个人意识的深处终于点燃起义之火，要归功于这样的判决。

而那不敢与你交朋友的人，那些顽固、胆怯维护自己的卑鄙无知的人，那些坚持充当赤裸裸的诡辩派和真理的不共戴天的敌人的人，他们将在自己的良心中发现审判官和刽子手，发现为你复仇的人，这些复仇者将能更加无情地在他们自己的思想深处惩罚他们。使他们再也无法向自己隐藏这些观点。当敌人给予你们打击被击退的时候，让一大群奇怪而凶恶的爱夫门尼德(复仇女神)把他包围起来，让其狂怒倾泻在……敌人的内心动机上，并用自己的牙齿将他折磨至死。

前进！继续教导我们去认识天空、关于行星与恒星的真理，给我们讲解在无限多的天体中一个与另一个究竟有什么不同，在无限的空间中无限的原因与无限的作用为什么不仅是可能的，而且也是必然的。教导我们什么是真正的实体、物质和运动，谁是整个世界的创造者。为什么任何有感觉的事物都由同一要素和本原组成。给我们宣讲无限宇宙的学说。彻底推翻这些假想的天穹与天域——它们似乎应把这么多的天空和自然领域划分开来。教导我们讥笑这些有限的天域以及贴在其上的众星。让你那些所向披靡的论据万箭齐发，摧毁群氓所相信的、第一推动者的铁墙和天壳。打倒庸俗的信仰和所谓的第五本质。赐给我们关于地球规律在一切天体上的普遍性以及关于宇宙中心的学说。彻底粉碎外在的推动者和所谓各层天域的界限。给我们敞开门户，以便我们能通过它一览广漠无垠的统一的星球世界。告诉我们其他世界是如何像我们这个世界那样在以太的海洋里疾驰的。给我们讲解所有的世界运动是如何由它们自身内部灵魂的力量来支配，并教导我们，在以这些观点为指导去认识自然的道路上，坚定不移地阔步前进！

走出家庭教育的怪圈

题析

家庭教育是一个令家长们伤透脑筋的社会问题，无数家长、教师、学者都在倾心探讨，发表见解。这里是说应该避免和摆脱家庭教育中的不足与缺陷。

构思提示

说话人立意高远，用富有辩证哲理的逻辑论证，深入浅出的简明分析，生动活泼的形象描绘，向人们敲响警钟。

讲者开篇巧造悬念，从故事入手。接着又以生动朴实的例证，将深奥的道理浅显化，激起听众的情绪。最后，从心灵深处发出强烈呼吁："我们每一个有责任感的中国人都应集中精力为孩子'传道、授业、解惑'。"

范文

走出家庭教育的怪圈

邹　零

朋友们：

据报载：某妻好不容易怀了孕，丈夫乐开了花，过了两个月便要求太太在家休养，太太不允，但又恐原形毕露影响形象，也就依了丈夫提前休了产假。太太在家终日无所事事，烦得要死，便在邻居中凑了几位闲人搓起麻将。这位天生丽质、聪明过人、原本不擅此道的太太，居然忽而入了牌道，刚上桌便连连杠开，太太乐不可支，牌兴大发，带着肚中的宝贝大战起来。说来也怪，仿佛有贵人保驾，太太几乎每战必胜，所向披靡，又是一条龙又是七大对，一时间战果累累，一发不可收。一天，太太在牌桌旁临产。儿子满周岁后，夫妻将家中的小物件尽置于床旁以测儿子志向，只见儿子眼不旁顾直爬向牌盒，在牌盒里摸出四张牌，太太翻开一看：竟是个“暗杠”！

朋友，笑过之余，当此情景，您的心头是否会掠过一丝丝寒心的凉意，是否会涌起一层层无望的忧伤，是否会产生一种沉重的思考？

说到这儿，我再给大家讲一个真实的故事：一位澳门同胞到武汉探亲，见其四岁的孙子能上桌搓麻，且“道行”非浅，问原委，儿子儿媳回答道：“我们邻居的孩子都这样，咱们这孩子早在一年之前就已深悉‘四方城’内之奥秘了。”这位两鬓斑白的澳门同胞大为吃惊，大滴的泪珠流过双颊，他叹道：“在这种环境中成长起来的新一代，怎么担负起建设21世纪新中国的重任？”

朋友，这不是单纯的杞人忧天，更不是骇人的危言耸听，这是一个多么触目惊心的话题啊！

儿童是人类最珍贵的资源，家庭教育则是万源之本。在中国，教育儿童有着悠久的历史和传统：“孟母择邻”、“岳母刺字”，陆放翁《示儿》诗等历代严父慈母及他们的行为为我们树立了楷模，虽然我们也深深懂得“言传身教”、“上梁不正下梁歪”、“身正影不斜”、“十年树木，百年树人”等古训，但因诸种社会原因，仍然有不少父母走上了家教的误区。你看街头巷尾，不是骑在爷爷奶奶头上的，便是摇荡在爸爸妈妈保驾的秋千上；不是口含巧克力糖，便是手玩变形金刚。孩子要啥给啥，吃这不敢买那，穿红不敢着蓝。孩子打麻将，夸奖孩子有灵气；孩子打电子游戏机，夸奖孩子机智；孩子坐轿车上学，夸奖孩子有福气……于是，社会上出现了宠子奇观：你给孩子买手风琴或钢琴，拜师学艺，希望孩子成为未来中国的贝多芬，我就敢花巨款给孩子买世界著名画册和文房四宝，指望独子他日成为蜚声画坛的中国凡·高；你给女儿聘请著名歌唱家面授机宜指望赶超毛阿敏，我就敢请刚退居二线的施拉普那为儿子传授绝招踢出个中国的马拉多纳。侃爷比侃，款爷比钱，我国首家贵族学校门口，每天停放的豪华轿车数相当于在校就读孩子的总数。大腕儿家的子弟不是常常蹲在马桶上用大哥大唤“爷们儿，拿纸来”吗?

人口素质要提高，家庭教育很重要。19世纪德国学前教育家福禄培尔曾说:“国家的命运与其说操纵在掌权者的手中，倒不如说是掌握在母亲的手中。”父母是孩子的第一任教师，家教是促进孩子获得全面发展的基础，是人类文明的传递，是这一代对下一代的应尽义务，起着学校教育和社会教育均难起到的奠基作用。当然，优育虽要育优，却与某些人不切实际的望子成龙、赶鸭子上架不是一回事。那种自己不识五线谱，却硬逼孩子天天关在屋里练钢琴，不练成钢琴家不罢休；孩子长得像肉墩，却要让她学芭蕾，不跳成舞蹈家不瞑目的主儿，其志虽可悯，其做法却显然离谱。

21世纪是思维、智力、竞争的世纪，到时候挑重担、推动社会发展的人就是现在的孩子。我们每一个有责任感的中国人都应集中精力为孩子“传道、授业、解惑”。我相信，在父母宽厚而严峻的目光里，在母亲慈爱而坚毅的叮嘱中，在教师亲切而严肃的教诲下，才能站起一代充满阳刚之气的中国人。而一个富强、民主、文明的中国，也只能在这充满阳刚之气的中国新一代的手臂下挺拔站立起来。

对生命的热爱

题析 ★

《对生命的热爱》是凡·高同被称为“法国绘画中象征主义首领”高更关于对生命感悟的谈话的一段节选。从两段对话中表达了凡·高以自己对生命的强烈追求而赋予自然界一切事物旺盛的生命力。

构思提示 ★

这是一段普通的谈话内容。画家凡·高以他对艺术的理解而上升为对自然和生命的热爱。旋转的太阳、朝着它们最后的成熟和绽开而努力的麦粒、正把果皮撑开的果汁等一切生命力的来源都不仅仅是艺术家对生活的深入观察体会，而是来自凡·高对大自然整个身心的融入。

范文 ★

对生命的热爱

凡·高

“当我画太阳时，我希望使人们感觉到它是在以一种惊人的速度旋转着，正在发出威力巨大的光和热的浪。当我画一块麦田时，我希望人们感觉到麦粒内部的原子正朝着它们最后的成熟和绽开而努力。当我画一棵苹果树时，我希望人们能感觉到苹果里面的果汁正把苹果皮撑开，果核中的种子正在为结出自己的果实而努力！”

“在这儿，高更。促使庄稼向上长的田地，在深谷中奔流的水，葡萄的汁液和仿佛从一个男人身上流过的他的一生，这一切都是一回事，是同一种东西。生活中唯一的一致就在于节奏的一致。我们大家，人、苹果、深谷、耕地、庄稼地里的小车、房子、马和太阳，全都随着这个节奏跳舞。造就你高更的东西，明天将从葡萄里榨出来，因为你和一粒葡萄是一回事。当我画一个在田里干活的农民时，我希望人们感觉到农民就像庄稼那样正向下融入土壤里面，而土壤也向上融入农民身上。我希望人们感觉到太阳正注入农民、土地、庄稼、犁和马的内部，恰如他们反过来又注入太阳里面一样。当你开始感觉到世间万物运动的这一普遍的节奏时，你才算开始懂得了生活。只有这，才是主宰一切的上帝。”

| 管理类 |

杰出经理人才势必具备一些能力

题析

此题关键在“能力”，杰出经理人才应该有能力，那么这些能力又包括什么？

构思提示

紧紧围绕“杰出经理人才势必具备一些能力”这一中心论题，提出问题，分析问题，解决问题。

思路：①开始直接点出论题，不拖泥带水，使人们一入耳就抓住问题，引起兴趣。②接下来，紧扣自己提出的论题展开论述。在听众急于了解“能力”包括哪些内容的情况下，顺势阐发自己的看法，较好地把自己的意图树立在听众心中。③既然这样，那么怎样培养这些能力呢？于是又适时地提出解决方法。最后强调，真正杰出的经理人才必然集理论与经验于一身。

范文

杰出经理人才势必具备一些能力

大卫·斯蒂尔

在贯彻企业营运之际，我要求各经理人必须具备某些能力，这里我不单单指围绕在我周围的幕僚，还包括了海外从业人员。

假定经理人本身即具有专业技术能力，我还要求他必须有充分的领导力、决定事务的能力，能肩负起自身的职责，并拥有良好的人际关系。所谓的专业技术能力必须能够流畅地表现在说与写这两方面上。随着时代的进步，技术的发展脚步极其神速，并带给我们愈来愈多的新观念、新知识。基于此点，身为一名经理人必须还具备判断选择的能力，将有助益的新知上达主管人员，经由董事会成员磋商后再决定是否可行。就ＢＰ企业之原则，只要具有可行性的决策必须全力以赴，我们认为，不敢勇于承担风险的人是不会成功的。

处于现今的世界，企业与人群之间有着极大的牵连性。企业的某一项决策往往带动数十亿英镑的移转，这必将影响其他企业或是其他经济体系，所以说，策略的制定绝不可为单一个人或是少数人所把持。没有人是全知全能的。

杰出的经理人需要靠先天与后天的塑造融合。处于现今的时代，经理人都是经由严格的审核而选出，赋予其各种职务，在解决问题之际，使得他能完全地发挥自我的能力。但是有些时候，错综复杂的业务在处理上并非容易的事，于是乎经理人必须接受企业本身与对外的正式训练。这种在职训练的设定即是意欲塑造集专才与通才于一身的企业管理人员。

在顾全企业运转的发展前途上，这种训练职工的策略无异于是一种瞻顾未来的做法，使得经理人能配合上其他企业、国家和文化的脚步，并能面对现今社会所繁衍的种种挑战难关。另外，我们还需记住一点，经理人终究还是企业之外的单一个人，我们必须让他明白，他应该从事的方向和重点。这种个别的训练辅导可以由两种途径：一是经由学术性的书籍；一是由各经理人员的教导。真正杰出之经理人才必然集理论与经验于一身。

丨事业类丨

教师——人类灵魂工程师

题析

在物欲横流的社会，教师——人类灵魂的工程师，默守一方净土，辛勤耕耘，无私奉献。本篇演讲表达了演讲者对教师职业的热爱和甘为人梯、无私奉献的精神。

构思提示

教师是辛苦的，教师是清贫的，教师也是太阳底下最光辉的职业。

本篇演讲以自己身为教师的亲身经历，从自己走过的教学里程说起，口若悬河，一泻千里。以自己对教师职业的热爱、对学生的关怀、教师的辛劳和清贫以及自己身为教师而自豪为思路展开。整篇演讲陈陈相因，张弛有度。

范文

教师——人类灵魂工程师

谢伦浩

一提起教师，大家肯定会很自然地联想到许多赞美她的比喻：园丁、春雨、蜡烛、绿叶、渡船、人梯、铺路石……是啊！古往今来，伟人、学者、战将、豪杰，哪一个不是出自教师的熏陶？理论、学说、发明、创造，哪一件不包含着教师的辛劳？他们身在三尺讲台，心怀芸芸学子，矢志于“传道、授业、解惑”，为人们启迪蒙昧的心扉，拓开智慧的泉流；他们“捧着一颗心来，不带半根草去”，清贫洁白，与那些“前途前途，有钱就图；理想理想，有利就想”的人形成了巨大的反差。我热爱教师这个职业，我为自己从事太阳底下最光辉的事业而骄傲和自豪。

回想自己走过的教学里程，感慨万千。我的父母都是教师，1957 年被错划右派，面对一夜之间的人生转折，他们寝食不安，百思不解。可他们作为一个教师教书育人的初衷不改，不久又相继当上了民办教师。受着家庭气氛的熏陶，我从小就树立了长大也当教师的理想，在当时流传着“家里没有粮，也不当孩子王”的情况下，我当上了孩子王，当时还只有十五岁，自己还是一个真正的孩子。至今已整整十五年了。十五年来，我饱尝了作为一个教师的酸甜苦辣、喜怒哀乐。十五年来，我更深层次、更立体地把握了人民教师的整体形象：教师是辛苦的，为了学生他们含辛茹苦、日夜操劳；教师是清贫的，为了事业他们两袖清风、不计酬劳；但教师是伟大的，为了祖国他们孜孜以求、不屈不挠。

我是 1988 年结婚的，以牛郎织女为楷模有了很长一段时间。别人说我“天马行空，独来独往”，“绵绵情意，可望而不可即”！是啊，谁不想有个幸福的家庭、温暖的所在，个中辛酸困难谁能知晓？我虽然暂时失去了那份情意绵绵的爱！但职业的追求，事业的向往，使我拥有的是另一种享受、另一份爱：那就是对工作、对学生的爱，作为一个教师对祖国的教育事业的爱，这是一种最深沉的爱，是真挚的爱、最博大的爱。

一次，一位叫彭焱的同学病倒了，郁郁寡欢，不思饮食，晚上突然昏厥过去。我知道后，背着他直冲医院，检查、打针、服药，待他清醒过来已是午夜两点多钟了。回到学校，我已是四肢乏力、睡意沉沉。为不发生意外，只得让他睡在我床上，我则守在床边整整坐了一夜。事后，我了解到他出生不久母亲就去世了，家中缺乏温暖，因而十分自卑。一种教师的责任感立即涌上心头，孩子失去母爱，我有责任为他补偿。此后，在生活上我细心地关照他，情感上入微地体贴他，学习上耐心地帮助他，经济上慷慨地支助他。我还请求班主任为他举行了一个生日晚会。会上我说："同学们，今天是我们新生入校的第一个晚会，正巧也是彭焱同学的生日。让我们以茶代酒，共同举杯，为他祝福。来，彭焱，首先纪念你那仍在想念你、惦记你的母亲，同时祝你生日快乐，学习进步！"彭焱泪水夺眶而出，颤抖着伸出双手捧住茶杯哽咽了半天，才泣不成声地说："谢谢老师……谢谢同学……"

朋友们，作为一个教师就是通过这充满爱的言行给学生送去温暖，使他们扬起理想的风帆，收获知识的硕果。

1990年，我进入了一所师范院校任教上口语课，面对新的环境、新的一切，倍感身上担子的沉重。"教学相长，教书育人"成了我的两句座右铭。为了把课上好，千方百计寻找机会提高自己，先后到长沙、桂林、北京、上海等地学习。1991年，我又自费500多元到吉林参加中华演讲学会筹备会。500元，对一个清贫的教师来说，意味着两个月的时间要节衣缩食，意味着囊中羞涩，想给妻子买件衣服、给儿子买个玩具的愿望只能是美好的理想。与会者都是来自高等学校、广播电台、电视台，当他们得知我是自费参加会议时非常惊讶，继而很感动。记得当时著名的语言学家张志公拉着我的手说："不错，小伙子，发展口语事业需要你这样热情与无私的投入。"演讲家邵守义称赞我为大会最清新、最美丽的花束。我很激动，老一辈的嘱托，时代的要求，历史的重担，成了我更为上进的动力。回校后，我抓紧时间刻苦学习，充实自己提高自己。几年来，无论是在知识结构、业务能力等方面都取得了一定的成绩。参加过全国、省、市各种朗诵、演讲、论辩及书法比赛三十多次，加入了中华演讲学会、全国汉语口语研究会、中国青少年书法家协会等学术团体，六十多幅书法篆刻作品赴台湾展出，专著《智慧演讲术》已经出版。自己充实的知识化成了汩汩的清泉流进了学生的心田。几年来，我教授的口语课深受学生的喜爱，辅导学生五十多人次在各种大型比赛中获奖，还经常应机关、监狱、厂矿邀请进行巡回演讲，收到听众来信一百四十多封。有一次，在一个劳改农场演讲后收到一位女犯人的来信："谢老师，论年纪我比你大，你应喊我做姐姐，但我很内疚。你的演讲像是哥哥在教妹妹怎么做人，告诉妹妹如何生活。你重新唤起了我对爱与美的追求。请接受一个不称职姐姐发自内心的一句话：'谢谢了，好兄弟！'"我为自己的知识能在一批又一批学生身上延续而高兴，为自己的演讲能产生如此巨大的社会效应激动不已。真正感觉到了作为一个人类灵魂工程师的价值。

"好雨知时节，当春乃发生。"春雨，无声的春雨，不正是人民教师的真实写照吗？它将整个身心献给了花草，献给了树木，献给了大地……正因为如此，神州大地才得以满目鲜花，万千桃李；我们伟大的祖国才如此春光明媚，山河锦绣。

不要我再说了，朋友们。教师是平凡而伟大的，他们的理想在三尺讲台上闪烁出夺目的光彩。我庆幸自己是一个人民教师，我为自己所从事太阳底下最光辉的职业而骄傲、自豪！在这里我要顺便告诉大家的是，我的爱人也在教育工作岗位，我的弟弟已考进了师范院校，我还为我三岁半的儿子设计了做好一个教师的光辉蓝图。我们愿做蜡烛燃烧自己照亮别人；我们愿做绿叶默默生存点缀人生；我们愿做渡船迎着风险送走人们；我们愿做铺路的石子，为了一代又一代新人的崛起铺筑成功的跑道！

我的理想

题析

本篇要谈论的内容是理想。各人都有自己不同的理想，这位小学生的理想又是什么呢?

构思提示

论说的中心是“我的理想”。对理想的认识，理想如何产生的，为实现理想应该怎样做，该同学娓娓道来，并且层次清晰，结构完整，感情饱满，颇能引起听众共鸣。

思路：①开门见山地说出自己的理想是当一名人民教师，同时批判那些追名逐利之士。②接着交待想当老师的原因，论证老师的伟大，从而更加坚定自己的理想。③开辟实现理想的奋斗之路。

范文

我的理想

王荣涛

老师们，同学们：

我常听大哥哥、大姐姐们谈理想，说志趣，论实践，我钦佩，我羡慕。可我只在心里默默地说：“我爱我的老师，我将来长大了也当一名教师，当一名光荣的人民教师！”

可能有人会说：“当教师，不怎么时髦吧？”是的，老师们辛辛苦苦、废寝忘食地工作，地位还不算高，物质待遇还不是那么丰厚。可是在我眼里，我们的老师是多么慈爱、多么无私、多么高尚、多么伟大的人啊！

我是一名回族学生，原在青海省西宁上学，当时教我的是一位姓陈的女教师。她，三十来岁，和蔼可亲，同学们都喜欢跟她接近。春天，她带我们到烈士陵园祭奠英灵；夏天，她领我们到人民公园游玩赏花；金色的秋天，她从老家捎来沙枣送给我们；凛冽的寒冬，她早早地为我们生好炉火……对我们啊，老师就像亲妈妈，不，比亲妈妈还要亲呢！

记得那是一个星期天，我正在教学楼的台阶上玩。突然跑来一个小孩，戴着胖娃娃面具，大声喊着："吃俺武松一拳。"一愣间，我已被重重地推倒在地。那小孩摘下面具，赶紧向我赔情。我气头上，爬将起来，二话没说，一连打他两拳。他也火了，我俩便对打起来。我把他的鼻子打破了。这时陈老师来到，那小孩哭着扑过去："妈，这小子打我。"原来是老师送往乡下的儿子。我的心怦怦直跳，有点后怕，我哭了。陈老师用她那雪白的手帕为我擦干眼泪，问清了原因，笑着安慰我。就是那天夜晚，我躺在床上，久久不能入睡。我觉得老师是世界上最无私的人！这时，我心中产生了一个朦胧的想法——将来当教师，当一名像陈老师那样的教师！

同学们知道，我们孩子的一颗纯真的心是永远向老师敞开的。当我在作文中流露出朦胧的理想时，陈老师在讲评课上表扬了我。她知道我喜欢说普通话，基础也好，就精心辅导，悉心培养，为我创造练习的机会。我更加明白了，老师所做的一切是为了什么。他们，为的是我们青少年茁壮成长！他们，为的是党和人民的教育事业！他们，为的是伟大祖国的四化建设！教坛的辛勤耕耘，换来了桃李满天，这种精神财富还有什么物质待遇所能比拟呢！四化需要人才，人才需要教育，教育需要教师！在座的，谁还能说"当教师不怎么时髦"呢？

现在，我要学好普通话，认真练好字，打好基础，创造条件，德智体美全面发展，将来当一名光荣的人民教师！

这，就是我的志趣。这，就是我的理想！

| 成才类 |

学做一个人

题析

这是一个老话题，却是一门深奥的理论。细心的人会发现，“学做一个人”与“学做人”之间有什么不同呢？确实不同，前者是应做一个怎样的人和怎样的人才算是一个“整个的人”的集合。

构思提示

说话人开门见山表明态度，接着通过设问，有意识地缩短与听众的心理距离，让听众的思想跟随说话人的思维步步深入：究竟哪些人不能算是整个的人？一个整个的人又要具备哪些因素？说话人紧紧抓住中学生极为关心、希望得到完美解答的问题，反复申述，逐层展开。在说清楚“整个的人”的内在含义后，说话人的思路再回到题目的“学”和“做”上，对二者的关系和它们的重要性进行了深入浅出的剖析。最后两个设问句给人启示，催人思索。

范文

学做一个人

陶行知

我要讲的题目是:《学做一个人》。要做一个整个的人，别做一个不完全的人。中国虽然有四万万人，试问有几个是整个的人？诸君，试想一想:“我自己是不是一个整个的人？”

《抱朴子》上有几句话:“全生为上；亏生次之；死又次之；不生为下。”

但是何种人算不是整个的人呢？依我看来，约有五种：

（一）残废的——他的身体有了欠缺，他当然不能算是整个的人。

（二）依靠他人的——他的生活不是独立的，他的生活只能算是他人生活的一部分。

（三）为他人当作工具用的——这种人的性命，为他人所支配，没有自己独立的人格。

（四）被他人买卖的——被贩卖人口者所贩卖的人，就是猪仔；或是受金钱的贿赂，卖身的议员，就是代表者。

（五）一身兼管数事的——人的一分精神，只能专做一件事业，一个人兼了十几个差使，精神难以兼顾，他的事业即难以成功。结果是只拿钱不做事。

我希望诸君至少要做一个人；至多也只做一个人，一个整个的人。做一个整个的人，有三种要素：

（一）要有健康的身体——身体好，我们可以在物质的环境里站个稳固。诸君，要做一个80岁的青年，可以担负很重的责任，别做一个18岁的老翁。

（二）要有独立的思想——要虚心，要思想透彻，有判断是非的能力。

（三）要有独立的职业——要有独立的职业，为的是要生利。生利的人，自然可以得到社会的报酬。

我觉得中学生有一个大问题，即是“择业问题”，我认为择业时要根据个人的才干和兴趣。做事要有快乐，所以我们要根据个人的兴趣来择业。但是我们若要做事成功，我们必要有那样的才干。

我曾作了一首白话诗，论人要有独立的职业：

滴自己的汗，吃自己的饭。自己的事，自己干。

靠人，靠天，靠祖先，都不算好汉。

现在我们当讲“学”和“做”两个字，要一面学，一面做。“学”和“做”要连起来。英语 Learn by doing，也就是这个意思。我们要用学理来指导生活，同时再以生活来印证学理。

将来诸君有的升学，有的就业，但是为学的方法全要研究。学农的人要有科学的脑筋和农夫的手；学工的人，也要有科学的脑筋和工人的手。这样他才可以学得好。

我希望到会的个人，是四万万人中的一个人。诸君还要时常想：中国有几个整个的人？

我是不是一个整个的人？

| 爱国类 |

爱国之志和报国之才

题析 ★

“志”和“才”本是独立的两码事，但将二者一同放在爱国的圈子里，便发生了紧密联系，而且缺一不可，这里要把握的是“爱国之志”和“报国之才”的关系。

构思提示 ★

思路：①首先提出观点：一个人不仅要有爱国之志，更应具备报国之才。②由“报效祖国的本领从何而来”引申开来，阐明只有掌握了大量的科学文化知识，才能对祖国做出较大的贡献这一道理。③面对国家现状，号召每一个有志报国的青年充分利用青春时期这段宝贵年华，刻苦钻研文化知识，努力攀登科学文化高峰，用知识武装自己，用知识报效祖国。

范文

爱国之志和报国之才

张艳华

朋友，你热爱我们的祖国吗？你一定会回答，当然爱！是的，谁不爱自己的祖国呢？爱国，是我们中华民族的传统美德，是每一个炎黄子孙的神圣义务。可是，一个人不仅要有爱国之志，更应具备报国之才，否则，爱国将成为一句空话。

报效祖国的本领从何而来？那就要不断用知识充实自己的头脑。只有掌握了渊博的知识，才能对国家有所贡献。古往今来无数事实表明：一个人对祖国贡献的大小，往往是与掌握知识的多少成正比的。因此，一个人要想对祖国有所贡献，就离不开知识。

知识就是力量，知识就是财富。科技工作者利用所掌握的知识，在农业方面培育成功了许多优良品种，使粮食产量成倍增长；在工业战线上，他们攻破了一个又一个的堡垒，使我国的科学技术水平不断提高，创造了大量的物质财富。

知识不光对祖国的工农业生产起着重大作用，在国际交往中，它还是维护民族尊严的有力武器。我国的第一个电子女博士韦钰在西德留学期间，用她的聪明才智和超人的毅力，赢得了外国专家的钦佩和尊敬，不少人发出了这样的赞叹："中国人，了不起！"我国著名绘画大师徐悲鸿在外国留学期间，面对一个洋学生的挑衅义正词严："先生，你不是说中国人不行吗？那么，你代表你的国家，我代表我的祖国，咱们比一比。等学业结束后，看看到底谁是人才，谁是庸才！"从此以后，徐悲鸿废寝忘餐，勤学苦练，终于在绘画领域获得了高深的造诣，他的油画《远闻》、《怅望》、《箫声》、《琴课》等在巴黎展出后，立即轰动了法国美术界，博得了一片喝彩声。在铁的事实面前，那个曾向徐悲鸿挑衅的外国洋学生，不得不承认他不是中国人的对手。这，大长了中国人的志气，维护了我们民族的尊严！

也许有人认为，将来走上工作岗位，踏踏实实地做好本职工作就行了，知识多少无所谓。这种想法其实是不对的。因为要想成为一个好工人、好农民，同样离不开知识。社会在不断前进，生产在不断发展，我们的祖国正处在腾飞之日，也许你今天是个称职的人，明天就可能成为时代的落伍者！在世界已跨入电子时代的今天，历史赋予我们的任务是光荣而又艰巨的，单靠前人那种刀耕火种的老一套，创造不出亩产千斤的奇迹，用秦砖汉瓦，更造不出现代的高楼大厦。因此，要建设社会主义现代化强国，要跟上时代发展的脚步，就必须掌握大量的科学文化知识。否则，纵有爱国之心，也难酬报国之志。

由此可见，只有掌握了大量的科学文化知识，才能对祖国做出较大的贡献。然而，知识的获得也决不是一件轻而易举之事。它要求我们必须有坚韧不拔的毅力，百折不挠的精神。那么，毅力从何而来呢？它来源于对祖国、对人民的一片赤诚之心。无数事实表明：一个真心爱国的人，一个有所作为的人，任何困难都将在他面前望而却步。

当前，我们的国家正处在一个突飞猛进的发展时期，要把四个现代化的宏伟蓝图变成光辉灿烂的现实，需要大批德才兼备的实干家。知识，在今天来说，比以往任何时候都显得更加重要。因此，每一个有志报国的青年，都应该充分利用青春时期这段宝贵年华，刻苦钻研文化知识，努力攀登科学文化高峰，用人类创造的宝贵精神财富——知识，武装和充实自己的头脑，以便将来更好地承担起历史赋予我们的光荣使命！

中国法官的座次

题析

这是1946年4月梅汝璈奉命代表中国法官参加远东国际军事法庭时围绕中国法官的座次展开的辩论。本篇辩论的关键是中国法官要不要坐第二席，为什么？

构思提示

在远东国际军事法庭中，各与会国家法官的位置代表着国家的尊严和荣誉。梅汝璈的舌战正是为中国的荣誉而战。

思路：本篇辩论中梅汝璈坚决认为中国法官必须坐在第二把交椅，同时提出两条无可争辩的论据：①此次审判的是日本战犯，中国受日侵害最烈，抗战时间最久，付出牺牲最大，抗日的贡献也最大。②中国接受日本投降签字也排在第二。在论辩中梅先生义正词严，时而又机智诙谐，显示了中国法官良好的职业素质和爱国热忱。

范文

中国法官的座次

梅汝璈

（审判日本战争罪犯的远东军事法庭的法官在讨论除庭长之外其他人的座次）

若论个人之座次，我本不在意。但既然我们代表各自的国家，我还要请示本国政府。……另外，我认为，法庭座次应按日本投降时各受降国的签字顺序排列最合理。首先，今日系审判日本战犯，中国受日本侵略最

烈，而抗战时间最久，付出牺牲最大，因此，有八年浴血抗战历史的中国应排在第一；再者，没有日本的无条件投降，便没有今日的审判，按各受降国的签字顺序排座，实属顺理成章。……当然，如果各位同仁不赞成这一办法，我们不妨找个体重测量器来，然后以体重大小排座。体重者居中，体轻者居旁。

（庭长韦伯：你的建议很好，但它只适用拳击比赛）

若不以受降国签字顺序排座，那还是按体重排为好。这样，即使我被排在末位也心安理得，并可以此对我的国家有所交代。一旦他们认为我坐在边上不合适，可以调派一名比我肥胖的来替换我呀！

（5月2日开庭前场面预演：庭长宣布入场顺序为美、英、中……梅汝璈立即提出抗议，脱去法官黑色长袍，拒绝登台）

今日预演已有许多记者和电影摄影师在场，一旦明日见报，便是既成事实。既然我的建议在同仁中并无很多异议，我请求立即对我的建议进行表决。否则，我只有不参加预演，回国向政府辞职。

（庭长召集法官们表决。预演推迟半小时，接受了梅汝璈的建议）

选自《著名法学家演讲鉴赏》

| 校园类 |

女同学难以成才吗？

题析 ★

平等的教学待遇，同样的学习氛围，难道真的会有这种怪事？难道新时代的校园还在演绎旧世纪的残梦？当然不会。分析题目时要好好把握这一点。

构思提示

这种演讲应带有正义感，是对性别歧视思想的鄙夷和批判。

思路：①在现实中发现这种问题，并勇敢地提出问题。②面对问题，冥思苦想，进一步分析问题，同时对错误观点进行反驳。③经过一番深思熟虑，自我论辩，最后坚信：女同学一定能成才，而且能成大才。

范文

女同学难以成才吗?

涂　红

有人说：女不如男，难以成才。我认为，说这话的人，一定对女子不了解或者是对男子太偏心。的确，放眼看看，国家各级干部多是男士，科学家、企业家，也多是男子们。但这并不说明女同学就难以成才，我认为最根本的原因有两个。

自古以来，就有“女不如男”这种说法。在当今社会，“女子成不了大才”的思想禁锢了很多人，以致使他们把心思和精力都用在培养那些能“成才”的男子们的身上，而对“丫头片子”没有给她们创造一个良好的接受教育的环境。试想，这样女子们怎么会成才呢？比方说，有两株完全相同的小树苗，把它们其中一株植在向阳、温暖、肥沃的地方，并且经常浇水、施肥；另一株则种在沙地里，且不管不问。请问，哪一株会长得更茁壮呢？回答当然是前者了。所以我说，所谓的女同学难以成才，完全是毫无根据的话，女同学只要受到良好的教育，只要努力，怎么会不成才呢？此其一。

其二，在“女同学难以成才”的错误观点面前，有的女同学认为自己的智力真的不如男同学，而自甘落后，也有的女同学忧心忡忡地说：“别看我们现在上初中的成绩比男同学好，可听人说，上了高中后，女同学的脑子就不行了。”我认为，凡是一位有理智的女同学决不能有这样的思想。且不说古代的著名词人李清照，就说中国当代的世界象棋冠军谢军、外国的居里夫人，哪一位不是巾帼英雄？所以说，女同学能不能成才的关键在于女同学本身的努力。

如果有人再问：“女同学难以成才吗？”我一定会回答：“不！女同学一定能成才，而且能成大才！”

| 教学类 |

学画、习作有感

题析 …………………………………………………………★

从题意可知，这段说话主要是从学画、习作两件小事说开，给听众讲述怎样的一个道理。结合两件事，重点在于所想所感。

构思提示 …………………………………………………★

日常生活中的一些细微小事常常可以促使我们产生许多理性的思考。本篇从自身的学画和习作两件小事的过程中引述了教学相长的道理。

思路：先说事再说理。先给听众一个明白浅显的故事情节，然后根据两件事情的过程与结果引出道理。

范文 …………………………………………………………★

学画、习作有感

余 艳

我曾有过一位教学“有方”的老师，但他不是什么名人，而是一个小学图画老师。几年前，我请他教我画画，他先问我对画画有无耐心，我不明白他的意思，心不在焉地回答说:“有。”学习开始了，他先给我做示范，看着他画得那么好，我真佩服。可轮到我，只让我画一条条直线、一个个圆圈。几天过去了，他给我的任务还是如此。他告诉我，这是基础，直练到画横，横平；画圈，圈圆，才能画画。现在一想，这话很有道理。

然而，我并没有成功。又画了几天，看到的老是些单调的“横”和“圆”，哪一点能欣赏呢？我一烦之下，一剪刀把毛笔尖剪掉了，发誓不再学画。老师教学虽然“有方”，但学生不愿学，美好的愿望自然要破灭的。

不仅学习艺术是这样，学习知识也是如此，要从一点一滴的细微之处学起，只有打好基础才能出成绩。

我喜欢写作，真佩服那些作家，而我的老师却要我天天写日记，把所见所闻的小事写下来，我不明白老师的意思。现在我一页一页翻看日记，才悟出道理。老师让我仔细观察生活，学会分析事物，打好写作基础，不断积累材料，一步步、一点点地提高写作能力，所以我在写作上的小进步，也有老师的汗水。

我的深刻体会是：教育者要“有方”，学习者更要努力，这两方面结合起来，就没有什么知识学不会，没有什么事情办不好的。

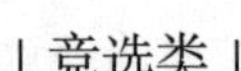

竞选学习委员的演讲

题析

这是在班级干部竞选会上的演讲。

构思提示

开讲亮出竞选目标，紧接着坦率地指出学习委员这一角色“过去确实有点令人讨厌”，继而摆出自身优势，自然地过渡到对学习委员职责的认识。作为竞争者，讲演者旗帜鲜明地提出要进行“学习的革命”，陈述施政纲领，内容具体实在而又体现了时代特色。在展示自信和能力的基础上申明自己的“为政”原则，让人感觉诚实可信，确立个人良好形象。

范文

竞选学习委员的演讲

刘　玲

各位同学：

你们好！

今天我走上讲台，是想竞选学习委员。我深知竞选学习委员的难度，更知道这个角色过去确实有点令人讨厌；但是本着一颗改变我班学习氛围的诚心，我还是登上了这三尺讲台来寻求诸位的信任。

我这个人，能力有限，尤其缺少统率大军的“帅才”。如果给我戴上班长的乌纱帽，只怕会把我压扁了。可是如果让我管管老本行——学习，我定能如鱼得水，一展才华的。我的学习成绩在班上不说数一数二，也算名列前茅了。我不仅课本知识学得不错，课外阅读方面也是处于领先地位，虽算不上博览群书，至少名著名篇读了不少，肚子里还是有点墨水的。这就使我有点资本与同学交流，互相补充、互相促进。“一花独放不是春，万紫千红春满园”，如果只是我一人学习成绩好，那只能说明我是一个特差劲的学习头儿。因为全班的成绩居低不上，那和有没有你这个学习委员又有何差别！既然是学习委员，就应当带领全班同学“共同致富”！

而要达到这一目的，就必须大刀阔斧地进行“学习的革命”。我的改革措施着眼于“整体效益”的提高，着力于“帮差补缺”的落实，着意于学习方法的“升级换代”。所谓“整体效益”，是指“全体同学”平均水平的上升，而不是少数几个同学的冒尖。要达此目标，就必须知道“整体推进”的阻力在哪里。我认为，根据“木桶理论”，对于整个班级来说，影响平均成绩提高的症结是学习后进者拖了全班的后腿；对于个人来说，是某些学科的落后拉了总分的后腿。因此，必须着力于“帮差补缺”。可行的做法是，根据不同学科的学习情况，让较好的同学与较差的同学结成对子，签订“帮带”合同，各个对子之间开展整体竞赛，看哪个小组整体提高得快。与此同时，我将通过自己的先期学习，取得“资本”，再向大家介绍当今较为先进的、科学的学习方法，让我们从“死记硬背”中解放出来，彻底抛弃落后的学法，做学习的主人。我还将与课代表们共同商讨各学科特殊的学习方法，并协助他们做好师生之间的桥梁工作，保证信息的及时沟通和反馈。

我有十足的信心，坚信自己能够挑起这副担子，因为学习委员所需要的组织能力和协调艺术我还是基本具备的。再者，我这个人大事不糊涂，在大是大非问题上能够坚持原则，不怕得罪人。谁在学习上想偷懒，谁学习态度不端正，谁考试作弊，我一定要跟他计较，决不会做老好人。当然，我不是一个整天板着面孔、令人生畏的“铁面人”，我会想方设法使我们的学习显得轻松有趣，我会弄出一些奇想怪招，来调节我们紧张的学习生活。总之，请你们相信，我不是那种“两耳不闻窗外事，一心只读圣

贤书”的书呆子，而是一个懂得你的苦衷的知心朋友。

走过，路过，切勿错过！果断地投我一票，你的学习成绩一定会更上一层楼！

谢谢！

| 就职类 |

一位班主任的就职演说

题析 ★

班主任是一个班级的管理者，就职演说是班主任在初次见面的学生面前建立起威信的关键一步，其关键应围绕怎样管理学生和与学生相处及自己如何做好班主任工作而展开的。

构思提示 ★

本篇演说没有从一贯的抓学生成绩和品德方面入手，而是从希望学生成为“真正的人”说起，要求学生学好功课外，还要具有一门业务爱好。然后宣布将以自己为表率做好治班工作。接着再顺理成章说出自己的治班方针。

范文 ★

一位班主任的就职演说

李士非

同学们：

你们从幼儿园到初中，受到的都是慈母般的教育。自今天起，我要对你们进行严父般的教育。我不能保证你们都能升上大学，但是希望你们都能成为真正的人，全色调的人，将来能够在社会上拼搏的人，我要对你们的一生负责。你们应当在高中的三年时间，除了学好功课，每个人至少要学会一种乐器，学会打拳，学会游泳，学会长跑，还要学会跳舞。

凡是要求你们做到的，我首先做到，这就叫率先垂范。

我的治班方针是力倡疏导。“江河之水，堵之则泛滥于世，守之则有益于民。”现在，我宣布撤销两条禁令：一是读武侠小说的禁令，二是关于男女同学接近的禁令。不禁止看武侠小说，不等于说我提倡看武侠小说。意思是武侠小说可以看，但不可迷恋，还要写出读后感，并要组织讨论。分清什么是好的，什么是不好的。我不反对男女同学接近，也不等于说我就赞成早恋。我认为把男女同学关系神秘化，是最有害的。你们都十七八岁了，对待这个问题应当有正确的认识。不管是友谊还是爱情的萌芽，如果是有价值的，促人上进的，就不应受到指责。你们心里如果有解不开的疙瘩，欢迎你们来和我谈心。

俗话说：“严是爱，宽是害。”今天我对你们要严格要求，但也不是整天板着面孔训人。我相信，我能成为大家的知心朋友。

| 离职类 |

离别依依

题析 ★

天底下没有不散的宴席。离别的开始，也是相思的开始。这里是一位军长的离职即兴演讲。

构思提示 ……★

离职演讲一般包括前言、主体、结尾三部分。前言说明离任时的心情，主体回顾任职期间的成绩和不足，结尾表示今后的决心和希望。

演讲者曾以部队为家，在部队的一万五千多个日日夜夜，生命、成长、欢乐、荣辱、前途，都与部队紧紧相连，如今要离家远走，真是难舍难分；但为了大局，为了事业的发展，离职也心甘情愿。接下来演讲者回忆过去，反省自身，激励将士，鼓舞队友，将真情实感融于演讲，令听众"感动得热泪盈眶"。

范文 ……★

离别依依

鲁　木

今天晚上，我要跟同志们告别了。小车就停在外面，讲完话，就走了，就要离开我生活战斗了四十二年的英雄部队了……(军长语调哽咽，全场极静)我舍不得啊！同志们。四十二年——一万五千多个日日夜夜，经历了多少次出生入死的战斗，完成了多少困难重重的任务啊！我从来没有想过有一天我要离开我的部队。多少年来，部队就是我的家，我的摇篮，我的生命，我的成长，我的欢乐，我的荣辱，我的前途，都跟我的部队紧密相连。我真想在部队里奋斗到生命的最后一息。但是，当今社会已经进入了信息时代，我国的社会主义建设也进入了高速发展的新时期。这就需要一大批有胆识、有文化、年富力强、勇于创新的同志走上领导岗位。因此，辞老迎青，势在必行。这是党的事业发展的需要，也是我一个老兵的衷心愿望。我在离任之前，思绪万千。唯一能聊以自慰的是，看到我们部队一大批年轻同志已经成长起来，可以放心地委以重任了！(热烈鼓掌)

同志们，我这个人有很多弱点和缺点。脾气急躁就是其中一条。不认真调查研究，动了肝火就训人。在我当军长期间，错误地处理了一些问题，错误地批评了一些同志。在此，我向那些因为我的工作失误而受委屈的同志们赔礼道歉，并请求这些同志能谅解我这个即将离任的老兵的过失。(军长脱帽鞠躬，听众有的愕然，有的感动得热泪盈眶，继而全场报以雷鸣般的掌声)

同志们，我们有一个挂满了锦旗和奖状的荣誉室，有一本记载着英雄集体和个人的光荣册。但是，功绩和荣誉已经属于昨天，留给你们的，是明天，是国防现代化的明天！即将上任的军长就在这里，我手里的接力棒已经交给了他，我相信他能带领我们这支英雄部队向着那令人神往的明天迅猛前进！相信他和大家能把我们这支英雄部队建设成一个政治立场坚定、思想品德高尚、战斗作风顽强、武器装备精良的无产阶级武装集团！预祝同志们成功！

(长时间热烈的掌声)

| 生活类 |

我的爸爸

题析 ★

每个人都有自己的父亲，而我的爸爸是什么样的人呢？关键之处就在于抓住自己父亲的特点。这样，说话的思路就清晰了。

构思提示 ★

说话者主要从父亲的职业道德与职业精神两个方面向听众介绍自己的

爸爸。

思路：①先开门见山地介绍自己爸爸的职业及平时的生活习惯与习性，给听众一个基本的轮廓。②通过日常生活中两次出诊，介绍父亲的职业道德与敬业精神。③自己情感的流露：爱爸爸，更要学习爸爸。

范文 ★

我的爸爸

傅　莹

我爸爸是一位40多岁的医生，他个子不高，说话时常常微笑还略带点幽默感。平时在家里，爸爸不是看他的专业书，就是煮针管，或做针线活——练缝合术。如果有人让爸爸给看看病，他是绝对不会推辞的。反正爸爸无论在哪儿，一刻也闲不住。

一天晚上，全家人已经睡下，我早已进入了梦乡。忽然一阵急促的敲门声，把我从梦中惊醒，我不高兴地嘟囔着："这是谁呀？这么晚来干什么？"这时爸爸已穿好衣服，开了门，一个气喘吁吁的声音打破了黑夜的寂静："傅大夫，请您快去看看吧！我妈又犯心脏病了！"爸爸听了，二话没说，拿了药箱就和这位求医的人一同消失在茫茫的夜幕中了。

第二天早晨，我一觉醒来，发现爸爸刚回到家，我问那个老大妈怎么样了，他说："抢救了一夜，脱离危险了！"

还有一次，爸爸出差刚刚回到家，还没坐稳，就有人来叫爸爸去看病，直到很晚，爸爸才拖着疲惫的身体回到家。

爸爸虽然对患者认真负责地看病，随叫随到，可他从来不要人家的礼物。有一回，一个危重病人被爸爸治好了，那人非常感激，亲自送来了一大包东西，爸爸说："治病应该，礼物不要！"那人再三推让，但还是被爸爸婉言谢绝了。那人只好把东西拿了回去。

有人说爸爸太傻，既然人家把礼送上门来，你就要呗！可爸爸却笑着说："病人已经很痛苦了，再收他们的东西，这未免有些太……再说，治病

救人是我们的责任。”

我为有这样一位能为人民救死扶伤的好爸爸而感到骄傲和自豪。

等我长大了，如果也拿起听诊器，我要像爸爸一样！

| 友谊类 |

请伸出你温暖的手

题析

边远山区，巍巍师魂，一场情感与病魔的较量，吹响了师生友谊情深的新篇章。

构思提示

这是带有倡议和动员性质的募捐演讲。演讲者力图通过对重病老师的情况介绍，达到让大家慷慨解囊的目的。

思路：以师生友谊为中心，面对在病榻上痛苦挣扎的老师，同学们没有理由袖手旁观，昨天老师为“我”操劳，今日“我”为老师分忧。

范文

请伸出你温暖的手

张　鹏

同学们：

当我们在操场上兴高采烈地进行课外活动时，我们的李老师却在病榻上痛苦地挣扎；当我们回家吃着香喷喷的米饭、蛋汤时，哪知我们的李老师仅靠生理盐水和药液维持着起码的生命颤动……好多同学去看望过李老师了，都说我们的李老师多么需要支持。

请伸出你温暖的手吧，拿出你的压岁钱、零用钱和准备过生日的钱，挽救我们的李老师。他是我们的好老师啊，为了山区的教育事业，他呕心沥血，他熬出了一双近视眼，他讲成了一个咽炎症。他多次被评为乡、区、县先进教师。

请伸出你温暖的手吧，动员你的家长、朋友和熟人，掏掏他们的腰包，挽救我们的李老师。他是我们的好老师啊，为了山区的孩子成才，他上有80岁的老母亲，下有两个孩子，旁有多病的妻子，他是背负着一个沉重的蜗牛壳在教育战线拼搏啊。

请伸出你温暖的手吧，礼拜天去勤工俭学，用自得的收入挽救我们的李老师。李老师病倒在讲坛上了。他顽强地与病魔斗争，但他的心脏病很严重，据华西医大诊断，要安人工起搏器才能挽救他的生命。这需要一万多元人民币！他是民办教师，乡财政不可能为他承担这笔巨额药费。

请伸出你温暖的手吧，捧出你的爱心，挽救我们的李老师。听说，爱心能击退一切病魔。今晨有位青年农民向我们捧来500元，我问：“听说这是你昨天卖血的钱？”他不好意思地说：“血最能表达我的爱，我真恨不得把自己的心脏移植给李老师。”在这位青年面前，我们还能袖手旁观吗？

请伸出你温暖的手吧，我们一定能挽救李老师！

有钱就有一切吗？

题析

钱，一个敏感的话题；钱，一个现实的问题。有人评价：有钱能使鬼推磨；有人鼓吹：金钱是万能的。的确，钱在现实生活中扮演越来越重要的角色，要不，怎会有人提倡一切向“钱”看呢？然而，在哲学界，钱也是一种物质存在，我们应该客观地去把握，才会有正确的认识。

构思提示

我们知道，题目是个谬论，我们演讲的目的就是要推翻谬论。这里演讲者抓住谬论的主要矛盾进行批驳，从而使其不攻自破。

思路：①首先假设这一谬论成立，然后用“果真如此吗？”一反问句过渡，引入批驳。②批驳又分两层：先从正面说理，论证“金钱绝非万能”；再从反面说理，证明“金钱不仅不能买到一切，相反，还可能葬送一切”。③最后，以巴尔扎克的富有哲理的话结束。

范文

有钱就有一切吗？

王亚凡

当今，有些人睁大了眼睛看钱，爱钱如命，信奉“钱能通神”、“有钱就有幸福”、“有钱就有一切”……果真如此吗？

金钱可以购买各种物品，满足人们物质生活的需求，但它却不能购买社会生活的全部。马克思主义学说是马克思在极度贫困中创立的，不是由金钱堆积而成；张海迪工资很低，但她的生命迸发出时代的光辉；就连孔

子也曾用“一箪食，一瓢饮，在陋巷，人不堪其忧，回也不改其乐，贤哉回也！”这样的话来称赞弟子颜回“忧道而不忧贫”。可见，金钱绝非万能，它无论如何也不能代替人的精神、信仰、道德和情操。革命先烈方志敏，在党内管过巨额钱财，可是敌人搜他身时，只搜出一支自来水笔和一块怀表。一个掌管金钱的共产党的领导人，竟会身无分文，使敌人目瞪口呆。当敌人用高官厚禄引诱他时，他的回答是：对于金钱、华丽的住房、西餐大菜、柔软的钢丝床、舒适的生活，通通不“稀罕”。为了革命，他宁愿忍受饥饿、寒冷，过清贫的生活。这铿锵有力、落地有声的语言，表现了共产党人的崇高气节，是对“有钱就有一切”的“拜金”论者最好的批驳。

金钱不仅不能买到一切，相反，还可能葬送一切。我们没见过在我们的社会里“钱能通神”的奇迹，倒目睹过被“钱”拖入歧途甚至被“钱”送进监狱、送上刑场的悲剧。在打击经济领域犯罪活动的斗争中被揭露出来并受到严惩的罪犯，不正是从见钱眼红、见物心动、利令智昏到走上犯罪道路的吗？有一个“齐人攫金”的故事：齐人在大庭广众中抢人的金子，被人抓住了，别人问他：“四周有人，你怎么抢起人家的金子来了？”他回答说：“我抓金子的时候，眼里只看到金子，根本没有看到人呀！”被金钱迷住了心的人，不是和这个齐人正好相似么？他们见钱忘义，见到有钱可攫，把良知、道义、法制全抛在一边了，最后落个可耻可悲的下场。

巴尔扎克说过：“黄金的枷锁是最重的。”让我们摆脱这一枷锁，去寻求真正的幸福吧！

迎接一轮新太阳

节日演讲类是指在一定的场合，为迎接某一节日的到来，突出喜庆气氛的演讲形式。这一类演讲往往主题明确，针对性强。一般说来，这类演讲的目的都是激励人们振作精神，团结奋斗，热爱生活，塑造完美人生。因此，节日演讲对于正在成长中的青少年朋友有着极其重要的意义。

主要构思内容：

1. 这类演讲的基本内容是回顾过去、总结现在、展望未来。
2. 演讲选材时要紧紧围绕本节日的特点展开。
3. 语言的设计要符合听众的年龄特点和文化层次。
4. 节日演讲应突出喜庆气氛。

范文 ★

迎接一轮新太阳

——新年晚会即席演说

韩　彬

“爆竹一声除旧，歌舞多姿迎新。”韩彬向大家鞠躬了，祝各位新年快乐。

365 个日子，倏然而过。生命的年轮，又染上一层多彩的光晕。

请看我手中的贺年卡，这么厚、这么重、这么多情。我抑制不住激动的泪水，读着，品味着。一缕情怀，一段记忆，一句祝福，一片心愿。此时此刻，我就想，人的生命不就像那蓝色的大海吗？是命运把我们几十名同学聚在一起，就像同乘一叶小舟，在大海里漂游。我的微笑，你的真诚，他的善良，在凝成的友情琼浆里，将这小舟荡漾。于是，我们这个小舟，这个集体，盛满了欢笑，盛满了甜甜蜜蜜。

啊！过去的一年，我无限的留恋。

但是，面对如水流年，我们不得不悄悄说声“再见”。告别苦恼和忧伤，告别许多不开心的日子。假如过去的一年里，你落伍了。你虚掷了时光，那么你无须问天，无须问地，无须问上帝。你荒废了昨天，绝不能再荒废你的明天。

明天，会有一轮新的太阳从东方升起。

此刻，不曾举杯，已有几分醉意。那么，让一半醉意留给历史，一半醉意留给明天的太阳。

节日的爆竹平静了，喧闹的孩子睡去了。太阳，生命的太阳，将在起点线上调整新的色彩和高度，在与黑漫漫的山峰的抗争中，喷薄跃起，扬起漫天朝霞，牵来新的一年的第一个黎明。

明天，是一座你我必须攀登的高山。懦夫面对着它，是迷惘和惆怅；勇士面对着它，则充满希望和信念。

明天，是摆在书桌上的一张空白的答案。不管我们愿不愿意，我们都必须写上答案。既是数理化答案，更是人生的答案！我们将要写下的是又一个失落，还是绚丽的画卷？

同学们，我们许个愿吧，闭上双眼，虔诚地面对东方，面向太阳升起的地方。

祝亲爱的爸爸妈妈健康长寿，祝尊敬的师长事业有成，祝同学们个个好运气，祝——我爱着的，熟悉的，或陌生的一切人，万事如意。

也请大家给我祝福，像我祝福你们一样。

钟声即将鸣响，东方即将升起一轮新太阳，让那团火燃烧吧，让它来熔铸我们新的生命。升起吧，明天的太阳，洒满阳光的生命该有多么辉煌。

点评

这是一篇迎接新年的贺词。演讲，尤其是社交礼仪演讲，主要是催人上进，令人愉悦，激人奋起，演讲者要表达的总是一种对生活的赞美，对人性的歌颂，对未来的向往。这样演讲感情真挚，言语动人，如果能在结尾处用上几句祝福语，就会像是点燃一盆炭火，让人温暖如春。这篇贺词正是如此。

| 喜庆词类 |

在乔迁喜宴上的致词

喜庆词指在各种喜庆场合，如生日、婚礼、乔迁新居、校庆纪念日等仪式活动中发表的对他人(或集体)表示良好祝愿或庆贺的演讲。这类演讲词都以“喜庆”为特征，但因活动主题的不同，而有着各自不同的特色。

主要构思内容：

1. 生日贺词一般要视祝贺对象的年龄阶段来决定内容及感情。

2. 婚礼贺词要适应婚礼上火爆热烈的喜庆气氛，尽可能诙谐、幽默、活跃，但不可有伤风雅。

3. 乔迁贺词要紧扣搬迁过程中领导、同事及朋友们给予的帮助，并表示感谢，借此进一步增进了解，巩固友谊。

4. 校庆纪念日的贺词要侧重于回顾校史，赞扬学校对社会所做的贡献，从而激发师生的荣誉感、自豪感及继续前进的动力。

范文

在乔迁喜宴上的致词

赵本志

各位领导、各位亲友：

大家好！

今天是我们的乔迁之日，我和春英(妻子)十分高兴也十分欣慰。高兴的是，我们终于结束了长达10年的“住院”(成家后一直住在妻子工作的医院宿舍)生涯，终于告别了五味俱全、“潮”气蓬勃的地下室，终于冲出了地平线，搬上这“不敢高声语，恐惊天上人”的7楼。欣慰的是，来了这么多的亲戚、朋友为我们捧场、助兴，与我们共享乔迁之喜悦。在此，我代表春英，对各位的到来表示热烈的欢迎！

多年来，我和春英这对从深山老林里走出来的穷学生，能够在牡丹江市生根、开花，能过上这安居乐业的生活，与在座的领导、同志、亲戚、朋友的关心支持、帮助照顾是分不开的。在此，我代表我们3口之家，向在座的及因事没能到场的各位领导、各位至爱亲朋表示衷心的感谢！

此时此刻，此情此景，我想弘扬亲情，因为亲情给了我家的温暖；我还想赞美爱情，因为爱情给了我生活的甘甜；我更想讴歌友情，因为友情给了我为人处事的动力。这些年来，我和春英以“出身雇农本质好”的朴实与友善，特别是靠春英那些有时让人受不了的开朗和热情，虽说曾为个别人尽过“点滴”(护士工作)之力，但得到的却是朋友们的涌泉之恩。每当我迈进那宽敞明亮、属于我们自己的天地时，仿佛就能看到并也能深深体会到，从卧室到客厅，从地板到天棚，处处都闪耀着友情的光辉。人们常说：“亲戚是命中注定的，朋友是自己选择的。”“财富不是朋友，朋友却是财富。”今天，我和春英为我们自己所选择的这条正确的“发财”之路而感到骄傲和自豪。在此，请允许我再一次代表我们3口之家，向“不是亲人胜似亲人”的朋友表示诚挚的谢意！

面对着浓浓的亲情、厚厚的友情，我和春英仅备下这淡淡的酒水、薄薄的素菜，内心十分愧疚。为了自我安慰，同时也为了求得大家的理解与谅解，我们在新居的门上贴了那副“做工粗糙”的对联：“义当头，无义怎建朋友驿站；情在先，有情方筑家庭乐园。”横批：“情义无价”。这既是我们的心声，更是我们今后的追求。“交友须胜己，似我不如无。”今天，我们以朋友为荣；明天，让朋友以我们为荣！

最后祝大家身体健康，万事如意！

点评

这是一篇由主人所作的乔迁贺词。首先，演讲者代表全家，向前来祝贺的来宾表达了诚挚的谢意和热烈的欢迎，然后简要追溯自己和家人的生活历程，向给予他们帮助的领导和亲友表示谢意。接下来，演讲者又用较多的篇幅讴歌了同事和亲友所给予的浓浓的友情，借此机会巩固了与大家的友谊，为将来的相处打下良好的基础。最后，演讲者以自拟的一副对联作结，再次表达了对友谊的歌颂与祝福。在语言风格上，本篇演讲寓真情于轻松与幽默之中，使用了许多有趣的生活口语，产生了十分良好的效果。

| 欢送词类 |

在欢送毕业生座谈会上的发言

欢送词是在送别来宾、亲友、同事等的仪式或集会上所发表的演讲。欢送词可以为来宾的来访画上较为圆满的句号，加深他们此行的感受和良好的印象；或是对亲友、同事的出行提出嘱托和希望，并借此机会加强彼此的沟通和理解。

主要构思内容：

1. 态度严谨，感情深挚，表现依依不舍的心情，营造感人的气氛。

2. 搁置分歧，积极评价宾主双方已达成的共识或合作成果，有利于未来工作的开展。

3. 详细讲述与亲友、同事相处中感人的事例，强化细节与现场感，以此引发听众的思考与共鸣。

范文 ………………………………………………………………★

在欢送毕业生座谈会上的发言

王东安

亲爱的老师和同学们，你们好！

首先我代表我们初三全体同学向你们致以崇高的敬礼！

光阴荏苒，转瞬之间，三年的初中生活就要结束了。在我们依依惜别之际，一种难以形容的心情涌上心头，是一种离家之情，像要远征的儿子走出家门的心情；像大哥哥离开小弟弟、小妹妹到远方去的心情。当然你们的心情也是激动的，因为平素感情好，别时更伤心。

在这三年中，各位老师对我们像慈母般地关怀。在临毕业考试的前一个月，为了让我们抓紧学习，A老师牺牲了自己多少时间：为了我们，他多少次没有按时吃饭；为了我们，他多少次伴着灯光度过黑夜；为了我们，他不止一次昏倒在课堂上。心脏病的复发，浑身剧烈的疼痛，都无情地折磨着他，但他没有耽误过一节课，就连他父亲病危住院，也未离开学校。校长劝他回去，他却说："家里有人。"其实，他家里只有妻子和两个刚上学的女儿。况且，家里的牛、猪，数不完的家务，有谁来干呢？为了我们，A老师忍受了多大的痛苦，这难道不是对我们最大的关怀吗？

在这三年中，很多同学给了我们无私的帮助。说来真是叫人羞愧，在这最后一个月里，一、二年级的小同学为了腾出时间让我们学习，竟然每天轮流往我们班抬水，供给我们充足的饮用水。要知道，山区学校“吃水”是第一困难，水要到一里外的山沟里去挑。每当我们闭上眼睛，眼前就会出现这样一幅画面：烈日当头，你们，只一米多高的你们，抬着水，吃力地在半山坡上行走。湿透的汗衫，豆大的汗珠，赤红的小脸，足以表明你们为了我们能考上高一级学校，付出了多么大的代价！

我们也没有辜负你们的殷切希望。多少个夜晚，你们已睡着了，我们又驾着那知识的小舟驶向浩瀚的知识的大海；多少次当大地还在沉睡，我们用琅琅的读书声送走最后一颗星星；多少次大家为学习忘记了吃饭。但是这些都是为了迎接那严峻的战斗，迎接祖国母亲的挑选。

点评 ★

这是一篇来自山区初中生的一篇毕业欢送词。欢送的对象包括全体初三毕业生，当然也包括演讲者自己——我。

在欢送他人的同时，作为欢送对象之一的“我”，也与老师、朋友一一告别。并由此感谢三年来对他们有过帮助的许许多多的好心人。在由衷感谢别人之时，还对他们自己所获取的成绩发自内心的欢喜。

全篇演讲语言朴实、思路清晰、感情真挚，表达了一种对昨日的留恋和对生活的热爱。

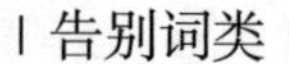

离开家乡的告别词

告别词是在离开家乡、离开亲友的环境或集会中发表的一种礼仪演讲。它的目的是在于表达对家乡的留恋与热爱，对亲戚朋友离别之际的一种依依不舍。即将离开者要对招待者或家乡亲友对其给予的关照、帮助等致以感谢，态度要诚恳，感情要真挚。

主要构思内容：

1. 演讲者要感情真挚、态度诚恳地对离别地表示依依惜别之情。

2. 对离别地的亲朋戚友和给予过自己帮助的人表示由衷的感谢。

3. 在告别词中，可以插入自己对过去的美好回忆，对今天的认真把握和珍惜。对明天的热情展望等。

范文

离开家乡的告别词

林　肯

朋友们，任何一个人，不处在我的地位，就不能理解我在这次告别会上的忧伤心情。我的一切都归功于这个地方，归功于这里的人民的好意。我在这里已经生活了四分之一个世纪，从青年进入老年。我的孩子们生在这里，有一个孩子还埋葬在这里。我现在要走了，不知道哪一天能回来，或者是不是还能回来。我面临着的任务比华盛顿当年负担的还要艰巨。没有始终伴护着华盛顿的上帝的帮助，我就不能获得成功。有了上帝的帮助，我决不会失败。相信上帝会和我同在，也会和你们同在，而且永远是到处都在。让我们满怀信心地希望一切都会圆满，愿上帝保佑你们，就像我希望你们在祝祷中会求上帝保佑我一样。我向你们亲切告别!

点评

这是林肯就任美国总统职位离开家乡斯普菲尔德时发表的告别演说。演说深沉真挚，感人肺腑，动人心旌。

首先，他用一句话表达了自己离开家乡的忧伤心情。然后再联系自己在政途上的成绩，把功劳归于家乡、归于家乡的人民。接下来又表达了自己对家乡和家乡人民的深厚感情，最后希望家乡父老能得到上帝保佑，能有好运。

| 导游词类 |

春游车上的演讲

导游词是指导游员向游客介绍自然风光、名胜古迹和风土人情的一种演讲文体。导游词的设计应包括游览路线及游览地的自然景观、名胜古迹、历史沿革等；也可以结合具体的实物讲一些有关的传说和神话故事。语言要亲切自然，饱含感情，让游客产生意犹未尽的感觉。总之，导游词的主要作用是用来指导游客参观，帮助游客增长知识，并给游客留下美好的印象。

主要构思内容：

1. 尽量使用口语和短句，给游客以轻松、亲切之感。

2. 表达应充满对祖国美好山河的热爱和赞美之情，激发游客澎湃的内心情感。

3. 主要采用第二人称贯穿全文，会给游客带来更为亲切的感受。

4. 抓住景观的个性特色，以其个性来吸引游客。使用比喻、拟人等修辞方法，会把景观描述得更动人、更令人瞩目。

5. 认真体会游客欣赏不同景观时可能产生的不同联想与感受，并说出这些联想与感受，会使游客产生情感上的共鸣与契合。

6. 多讲述幽默诙谐的奇闻轶事，吸引游客的注意力，激发他们的浓厚兴趣。

范文

春游车上的演讲

同学们，静一静！

同学们！现在我们的春游车已经徐徐地驶出了江城的南部。说是春游，其实，现在已是初夏，不过我们北方的天气却仍是乍暖还寒。特别是这几天阴雨，最低气温降到5℃—6℃，真是春装已去重新着，夏日姗姗晚来迟啊！然而毕竟天公作美，今天雨霁初晴，车内晨光融融，笑语声声，车外杨柳飞花，草木青葱，大家高兴不高兴啊！（高兴！——同学们笑答）外面的景色美不美呀！（美！——同学们答）

同学们！你们今天将从单调、繁重、刻板的学习生活中得到解脱，大自然的清新空气将任凭你们去触摸，大自然的身躯将任凭你们去拥抱！我们生活在充满诗情画意的祖国山河的怀抱里，同学们感想如何呢？（幸福！——一个突出的声音）

同学们！请看：前面那座白云缭绕、奇峰兀立的山峰已经遥遥在望——那就是有名的朱雀山。何谓朱雀？那是传说中的一种神鸟。朱雀山的得名源于清代的一位圣明帝王乾隆。他北巡边地至此，驻马四顾，赞曰：左青龙，右白虎，前朱雀，后玄武。四山屏立，江山如画，真是铜帮铁底松花江啊！这里所说的四山屏立，即指城东的龙潭（青龙）、城南的朱雀、城北的北山（玄武）、城西的小白山（白虎）。龙、虎、雀皆已为同学所知，这北山何以名为“玄武”？说穿了同学们也不陌生，那不过是乌龟的代称而已。今天，我们走东路取近道直达丰满，若从西路绕行则可途中远眺城西北处的“龟踪虎影”了。据考：我国古代天文学家，将天空可见星分为二十八宿，东西南北、龙虎雀龟各领七宿。天上的星宿下凡，左右前后，龟卧雀飞、虎踞龙盘，庇护着我们吉林市这一块风水宝地。同学们，我们的家乡可爱不可爱呀！（可爱！——长时间的热烈鼓掌）是的，我们美丽的江城大名“吉林乌拉”，是清代满族的发祥地。她依山傍水，风景秀丽，四季皆宜，是我们伟大祖国东方版图上的一块熠熠生辉的美玉。同学们，山是故乡绿，水是故乡的清，山清水秀的吉林市，不就是生养我们的地方吗?

同学们，你们低头看，那路旁两座修葺一新带有护栏的亭子是明代遗留的古迹，亭内存“阿什哈达摩崖石刻”。据吉林师范学院李澍田教授考证，那是明代一位骠骑将军刘清为抵御沙俄的侵略，在阿什哈达设水师造船，于山崖下刻石铭记留下的古迹。吉林得名“船厂”即源出于此。你们再抬头望，前方那座巍峨高耸的大山，名为五家山，是江城四围所有山的最高峰，海拔800余米，连素以山势险峻、绝顶南天的龙潭山与之相比，也只好自叹不如啊。五家山与对面的那座大山隔水对峙，两岸奇峰峭崖、林木参天，江水如一条巨龙，凌空而下，景色甚为壮观。当年日本侵略者相中了这块宝地，在这里拦江筑起了大坝，建成了当时号称亚洲第一的丰满水电站。丰满大坝——日本侵略者的骄傲，中国人民屈辱、苦难的标志。为了修建这座大坝，日本侵略者刀砍、枪杀、活埋了上万个中国的劳工弟兄。白骨成堆万人坑，就是他们血腥屠杀的罪证。

同学们，历史的一页已经翻过去了，它将永远铭刻在我们心里。今天，我们的祖国在中国共产党领导下，已经发生了翻天覆地的变化，丰满电厂已不是过去的丰满电厂可比，松花湖变得更秀丽了。

同学们，你们看，那就是方圆千余里、绵延无尽头的美丽的松花湖。

革命老前辈董必武生前来此，有诗叹云：“出门一笑大江横，冒雨驱车丰满行。”著名诗人贺敬之也曾有佳句留存：“水明三峡少，林秀西子无。此行傲范蠡，输我松花湖。”

是的，美丽的松花湖不愧是镶嵌在松花江上的一颗璀璨的明珠。我预祝同学们玩得愉快、酣畅，特吟诗一首以助兴：金龟五虎美松岩，纵情饱览尽心观。湖光山色收入眼，彩笔难描锦绣天。

点评 ★

这是一篇充满自然美、人格美、气势美的导游词。特点是随着车的行进，走到哪里说到哪里。每一处景点的介绍，或引理据典，或考证或传说，都是那样的生动传神，既不失历史的真实，又富有传奇色彩，可谓虚实相间，相得益彰。介绍古迹时用了“低头看”，接着介绍五家山时，又用了“再抬头望”，处处与游客沟通，时时调动着他们的情绪。呼语的运用是本篇一个很大的特点。导游者几乎每一自然段都有“同学们”这样的称谓，可以说很好地体现了导游词本身的特色。

| 祝酒词类 |

为我们的盟誓干杯

祝酒词是在宴会开始时宾主双方为祝酒而作的礼仪性演讲。祝酒词对于加深彼此感情、增进了解、巩固双方友谊起到一定的促进作用。值得注意的是，我国的习惯是先祝后饮，有些国家和民族是先饮后祝，意义和作用其实相同。

主要构思内容：

1. 回忆宾主之间交往的美好往事。

2. 对对方已有的合作成果作出积极评价，并以乐观的态度展望彼此关系的未来。

3. 送给对方美好祝福，举杯邀祝。

范文

为我们的盟誓干杯

汪 洋

女士们，先生们：

中国人宴会上的习惯是先致词后吃饭，这样做的好处是把该办的事办完，沉住气，不慌不忙地吃；而欧洲人是吃起来以后再讲话。今天我是入乡随俗——吃饱了再说。

今天，我很高兴在这里见到了许多新朋友，并且一起庆祝我们的签字仪式。刚才，佐尔格和我谈到，在德国，结婚遇到下雨预示着会有好兆头。那么开普勒市长 1985 年访问铜陵时适逢下雨；今天我们签字，雨婆婆又再度光临；如果说协议标志着一种结合的话，这雨将是我们两市的好兆头！

在此，我再一次邀请马尔巴赫人访问铜陵。希望大家认识中国、了解中国。在许多人眼里，中国是一个神秘的国度。我相信，凡是和我们接触过的人都会感受到，中国人是多么的生动。

最后，让我端起这金色的葡萄酒，在席勒的故乡，用他的著名诗歌《欢乐颂》里的一段话，为我们已经签订的盟约干杯——“巩固这个神圣的团体，凭着这金色的美酒起誓；对于盟约要矢志不移，凭星空的审判者起誓。”

点评

这是汪洋在出访德国某市时所作的一篇简短而又别致的祝酒词。演讲者由中德两国在饮酒习惯上的不同引出话题，既增进了彼此的了解，又显得很有意趣。接着演讲者概要地讲述了双方交流活动所取得的成果，并以双方互访时均偶遇雨天来推断双方关系必定越来越巩固和密切，引发听众的共鸣。然后演讲者向对方提出回访的邀请，并以中国文化的神秘吸引对方。最后演讲者以德国大诗人席勒的诗句作为敬祝语，既拉近了双方的心理距离，又表达了发展和巩固双方友谊的决心。

| 凭悼词类 |

在萧红墓前的五分钟演讲

凭悼词又称凭吊词，是在追悼会或遗体告别仪式上由有一定身份的人宣读的，用以追悼死者生平业绩、向死者表示哀悼的一种演讲文体。凭吊词的作用是对一生作出评价，勉励人们化悲痛为力量，学习死者的可贵精神和品德，振奋精神干好本职工作。

主要构思内容：

1. 写明自己怀着何种心情悼念何人。

2. 介绍死者生前身份、职务、逝世原因、地点及享年。

3. 表达对死者去世的悲痛、惋惜心情，激励生者化悲痛为力量，学习死者的品质和精神，继续前进。

范文

在萧红墓前的五分钟演讲

郭沫若

年轻的朋友们：

演讲对于我倒不是件难事，然而要不多不少恰好“五分钟”，却使我感到困难，而主席又只要我做“五分钟”的滩头演讲，让你们好早点跳下海去，做你们的青春之舞泳。

我想，本来我可以这么开始我的演讲：“各位先生，各位女士，请大家沉默五分钟！”于是当大家沉默到五分钟的时候，我便说：“沉默毕，我的演讲完了。”

大家假如反诘我：“你向我们做五分钟的演讲，为什么叫我们沉默五分钟呢？”我可以理直气壮地回答：“朋友，人们不是说‘沉默胜于雄辩’吗？”

本来我可以这么开始我的演讲的，但是当我听了刚才 × 先生两分钟的演讲，太漂亮了！他说：“人民的作家萧红女士一生为人民解放事业奔走，到头来死在这南国的海边，伙伴们把她埋在这浅水湾上。今天，围绕在她周围的都是年轻人，今后的日子里，不知有多少年轻人来围绕着她。朋友们！我们是年轻人，我们没有悲伤，我们没有感慨，请大家向萧红女士鼓掌。”太好了，我的五分钟演讲只好改变计划了，让我把年轻人引申来说一下吧。

年轻人之所以为年轻人，并不是单靠着年纪轻，假如是单靠年纪轻，我们倒看见有好些年纪轻轻的人，却已经成了老腐败，老顽固，甚至活的木乃伊——虽然还活着，但早已死了，而且死了几千年。

反过来，我们在历史上也看见有好些年纪老的人，精神并不老，甚至有的人死了几千年，而一直都还像活着的年轻人一样。所以一个人的年轻不年轻，并不是专靠着生理上的年龄，而主要的还是精神上的年龄。便是“年轻精神”充分的表现，虽老而不死，“年轻精神”丧失了，年虽轻而人已死了。

那么，什么是“年轻精神”的品质呢？

第一，是真理的追求者。他是一张白纸，毫无成见地去接受客观真理。他如饥如渴地请人指教，虚心坦怀地受人指教，他肯向一切学习，以养成他的智慧。这是年轻精神的第一特征。

第二，是博爱的实践者。他大公无私，好打抱不平，决不或很少为自己打算，切实地有着人饥己饥、人溺己溺的情怀，甘为他人服务。这是年轻精神的第二特征。

第三，是勇敢的战士。他不怕任何艰难困苦，他富于弹性，倒下去立刻跳起来，碰伤了舐干血迹，若无其事，他以牺牲自我的意志战胜一切。这是年轻精神的第三特征。

这三种年轻精神的特征，每一个年轻人都有，假如他把这些特征保持着，并扩大着，那他便永远年轻，就是死了也年轻；假如他把这些特征失掉了，比如年纪轻，便做狗腿子的事，那他不仅不年轻，而且老早是一个死鬼了。

就在这样的认识之下，我们向“年轻精神”饱满的青年朋友们学习，使自己年轻，使中国年轻。

点评

本篇是郭沫若在萧红墓前发表的即兴凭悼演说。该演说表达亲切，感情真挚，幽默风趣，富有很大的启发教育作用。

演说并没有按常规悼词一样表现出一种哀默、沉痛的感情，也没有向听众表述萧红一生的功绩，而是从萧红年轻的死说起，发出了对年轻的感慨——有些人年纪轻轻，却已经成了老腐朽，老顽固，甚至活的木乃伊；有些人老了，死了，却精神永远是年轻的。然后接着话题，谈了三条很重要的“年轻精神”的品质。

| 赛场论辩类 |

社会发展将导致主流文化衰微

题析

把握这一辩题，关键在于对“主流文化”的理解。我们知道，任何辩手的论辩都是为其观点服务的。因此，辩者只有根据自己的需要，来找准理解的角度，找到论辩的立足点，才能“大踏步”走向成功。

构思提示

对“主流文化”不同的理解，将产生两种根本对立的观点。

思路一：①采取自问自答的形式，提出自己的观点：社会发展将会导致主流文化衰微。并顺势解释什么是主流文化，同时阐述主流文化与社会环境的关系。②从历史演变、社会形态和历史进步三方面论证这一观点。③解释和强调“衰微”这一词，从而更加全面地阐释“我”方观点。（参照范文 1）

思路二：①从现实出发，认为在主流文化产生和上升的同时，社会不可能一点儿也没有发展过，从而确立自己的观点：社会的发展不会导致主流文化的衰微。②灵活解释主流文化，认为是一种精神，一种意识，也是一个“去浊扬清、吐故纳新的开放系统”。③最后，论述“我”方论辩的逻辑结构。（参照范文 2）

范文

范文 1

正方一辩陈建：谢谢主席，大家好。今天，我们的辩论实际要探讨这样的问题：是否存在一个超越时空、横贯古今的永恒的主流文化？一定历史时期的主流文化会不会随时代演变、社会发展而走向衰微？我方认为，永恒的主流文化是不存在的。所谓主流文化，就是反映一定时代、一定社会的本质特征的文化，它是由物质层面、制度层面、观念层面构成的完整的统一体。一部社会发展史，就是一部生产力进步、制度变迁和观念更新的历史。时代变了，反映时代特征的主流文化怎能不随之改变呢？正因如此，主流文化从它诞生的那一天起，就埋下了它走向衰微的一切胚芽。首先，从历史的演变角度看，任何主流文化都是历史的，它必须与生产力发展水平相适应，随生产力发展的每一次质的飞跃，旧主流文化不断被新主流文化所取代。在万古洪荒的原始社会，在刀耕火种、茹毛饮血的历史条件下，孕育了最早的原始变化；随着青铜铸造术的进步，诞生了灿烂的奴隶制文化；而自然经济、宗法观念和伦理纲常更是编制了漫漫两千年的封建文化。请问反方同学，究竟哪一种主流文化不是历史的？究竟哪一种主流文化不会衰微呢？其次，即使从同一社会形态来看，主流文化同样有扬弃、衰微的。随着社会的发展，主流文化不合社会要求的成分不断被人们所抛弃，这不正是主流文化衰微的量变积累过程吗？再次，主流文化的衰微是历史进步的反映。手工作坊衰微了，换来的是机器大工业的突飞猛进；封建制度衰微了，换来的是民主与自由精神的弘扬；上帝造人的封建神学衰微了，取而代之的是进化论科学的光辉。我们说主流文化衰微并不意味着它的死亡，司母戊大方鼎依然在博物馆里展示它古老的风采，但青铜时代却一去不复返了；金字塔依然矗立在尼罗河畔，但它只是向人类诉说着历史变迁的沧海桑田。历史的潮流，犹如大浪淘沙，哪一种主流文化不被深深打上历史时代的烙印！社会发展永无止境，在主流文化不断衰微演变的历史进程中，人类文化也必将走向更加辉煌灿烂的明天。谢谢大家。（掌声）

范文 2

反方一辩马悦：谢谢主席，大家好。刚才对方辩友一番慷慨陈词，却始终没有解决一个辩题之前的问题：主流文化是从哪里来的？在它产生和上升时，社会是不是一点儿都没有发展过？如果在这样基本的逻辑问题上都不能自圆其说，那么“社会发展必然导致主流文化衰微”大概也就无从谈起。而我方认为“社会的发展不会导致主流文化的衰微”。先让我们看看有关的概念，所谓主流文化，是指在一定文化区域内长期积淀下来并为一定文化主体所接受的那一部分文化。而且，它本身就是一个去浊扬清、吐故纳新的开放系统。主流文化不是哪一种具体的制度或形态，它如同我们的血液、皮肤、发色一样，是我们身上的烙印和心中的归宿，更是一个民族精神的家园和生存的价值，恰如一株参天大树虬劲的根，纵然年华逝去，岁岁枯荣，却始终深居人们的灵魂。古埃及的金字塔，早已为黄沙所掩，但挡不住的是古埃及文明的万古流芳；古老的万里长城虽然已是芳草凄迷，但华夏文明的火光却照亮世界。难道能说它们衰微了吗？不！纵然失去了有形的辉煌，但它们给予后人的却是千年无形的启迪和感召。真正主流文化的衰微是指它丧失了新陈代谢的能力而渐渐衰竭。在阐述辩题之前的基本问题及概念后，我将向大家展示我方的逻辑结构。这辩题之中的问题是：社会发展与主流文化之间到底恩怨几何？我方二辩将带大家环视全球，从理论上追根溯源。也许人们在担忧一个辩题之后的问题：随着社会的长足发展，我们这个古老的民族是否会失去自己的主流文化？我方三辩将未名湖畔话沧桑，深刻反思中华五千年的辉煌与悲怆。我方四辩则将上升到一个辩题之上的问题，在一番对文化心态的探讨中，他将勇敢地宣称：这颗小行星不会撞击地球！在这之前、之中、之上的广阔空间中，我们将完成一个从一般到特殊，又从特殊到一般的严谨论证过程，并将一一指出对方辩友所陷入的误区。人从远古走来，社会走过了沧海桑田，主流文化如同普罗米修斯手中的火把，驱走了黑暗与严寒，只要路没有尽头，它就将燃烧到永远。谢谢大家。（掌声）

例 1

电视主持人在很多场合需要注意提问的方法和技巧，这样才能收集信息、掌握信息，捕捉对方情绪，了解其心情，更好地理解对方，全面地引出对方的本意，以便说服人、评价人。请看下例：

毛阿敏在哈尔滨读书时，《当代大舞台》的节目主持人以提问的方式这样向观众介绍她：

主持人：请问毛阿敏小姐，您是从哪里来的？

毛阿敏：哦，我从北京来。

主持人：您像一只美丽的蝴蝶给冰城哈尔滨带来了欢乐，请问这次能做几日停留呢。

毛阿敏：呵呵，五日。

主持人：我们冰城的朋友热烈欢迎您的到来，但愿您与《当代大舞台》永不分手！

主持人巧借毛阿敏的成名歌曲《思念》来向她发问，亲切而诙谐，同时也激起了演唱者与观众的热情，创造了良好的舞台气氛。

这里需要指出的提问思路是：第一，要发现人和物的疑点，发现应该在何处提问，才能提出问题，才能从完全不懂的状态中走出来，对事物开始有初步的理解。第二，提问要简洁，一针见血击中要害。明确到底要问什么，想知道一些什么内容。对别人提问题，若说话不得要领，不仅失去提问的机会，而且给别人的印象也不好。另外，主旨要明确，提问内容的整体不能模糊不清。再则要创造一种和睦的气氛，调动对方答问的积极性，提供更多的有效信息。

例 2

电视主持人在主持节目时，思维必须处于一种高度活跃的状态，这样才能应付得了在节目中突发的各种问题。也就是说，主持人的思维必须时时处于一种“能动状态”。只有具有此种思维品质，才能使主持话语处处闪光，妙语连珠，惊艳满座。

被人们称作“江南第一脱口秀”的著名主持人叶惠贤，在他主持节目时，就曾多次有过这样优秀的表演。据《演讲与口才》杂志载，江泽民同志担任上海市市长期间，有一次参加作家、艺术家和企业家的三“家”联谊晚会，他在即兴演讲中谈到当市长的苦恼时说：“来上海的两年，发了两次大水，大概是我的名字起得不好，三个字中带三点水的就占了两个，所以外报称我为‘水市水’。”当他坦率而风趣的话语激起全扬热烈的掌声时，叶惠贤灵机一动，立刻接过话头也来了个即兴发挥，“江市长在上海的两年里，为解决市政建设问题花费了大量心血，我们能有这样一位体察民情的市长，可谓如鱼得水”。叶惠贤的一个“如鱼得水”使江市长的功绩和亲和力更显其彰，使江市长的说话锦上添花，从而进一步将全场气氛推向高潮。

还有一次，叶惠贤和台湾“光头”明星凌峰搭档即兴主持节目。当凌峰说：“我是60多岁的身体，50多岁的外貌，40多岁的实际年龄，30多岁的心理，20多岁的智商”时，叶惠贤即兴补上一句：“您还有10多岁的童趣！”事后，凌峰夸他：“你这一句添得好，真是一句值千金！我来大陆还没见过像您这样好的主持人。”

上述例中我们可以看出即兴能动思维的临场主持中的积极作用。一句得体而又适时的台词不仅使整个节目顿时生辉不少，而且也能加重主持人的支持系数，使受众有所得、有所悟。

例3

有的电视主持人初次走上舞台或直播室主持节目，观众一般有一种陌生感、朦胧感，渴望了解主持人的愿望很强烈。而同时主持人自己也必须认认真真介绍自己，让自己被观众了解、接受。这样，主持人的自我介绍就显得非常重要。这时要注意，自我介绍切忌机械地背诵，让人觉得刻板而又不真实。这里有一则很好的方法——自嘲。

自嘲是运用嘲讽的语言，自己戏弄、贬低自己，以此化出另一种意思，显得“表里相悖”。

台湾著名节目主持人凌峰曾参加1990年中央电视台春节文艺晚会。会上他这样自我介绍：“在下凌峰，我和文章不一样，虽然我们都得过‘金钟奖’和‘最佳男歌星’称号，但是，我是以长得难看而出名的。两年多来，我们大江南北走了一趟，拍摄《八千里路云和月》。所到之处，观众给了我们很多的支持，尤其是男观众，对我的印象特别好。因为他们认为本人的长像很中国。中国五千年的沧桑和苦难全都写在我的脸上。一般来说，女观众对我的印象不太良好，有的女观众对我的长相已经到了忍无可忍的地步。她们认为我人比黄花瘦，脸比煤球黑。但是，我要特别声明：这不是我本人的错，实在是家父家母的错误。当初并没有征得我的同意就把我生成这个样子。……

还有一位叫胡兴的主持者，他也同样运用自嘲的方法介绍自己。

“本人姓胡名兴，胡作非为的‘胡’，兴风作浪的‘兴’，别看我平时昏昏沉沉，关键的时候我决不胡作非为，碰到混乱场面我也决不兴风作浪。”

这里，凌峰和胡兴都采用了自嘲法介绍自己。既让观众一下子记住了自己，拉近了自己和受众之间的距离，又使表达显得妙趣横生，鞭辟入里。

不过此法需注意的是，必须委婉达意，巧妙得体，格调轻松，俗而不陋，要透露出豁达与聪明。不能一味博得观众的欢颜而过分贬低自己，使自己人格受到污辱。

例 1

在电台主持节目可随身携带一些篇幅较短的稿件。若主持人善于现场即兴发挥，稿件可写得简练些，为了即兴讲话出口成章，可以就可能出现的问题作出简单的文字提示。有稿即兴，一般多用于热线电话的直播室或现场实况播出。例如：

（即兴广播部分——根据播出录音整理）

各位听众：您好！我叫 ×××，今天的《长乐园》节目，由我俩来给大家主持，希望朋友们能喜欢这个节目。

（有稿部分）

我们的《长乐园》节目已经播出四十多期了，从大量的来信及信息反馈中，我们知道这个节目是很受欢迎的。同时我们了解到在听众中，有相当一部分是老年人。为了活跃老年朋友的精神生活，今天我们欣喜地告诉大家，《长乐园》节目从这个星期开始，每星期三上午 8 点 55 分开始，到 10 点整的 65 分钟时间里，以直播的形式，集中为老年人安排了《秋叶正红》专栏。

（即兴广播部分——根据播出录音整理）

在《秋叶正红》专栏里，我们围绕着老年朋友们关心和有兴趣的话题，献上我们的一片尊敬之情，还要请您欣赏欣赏老年人喜欢的文艺节目，让您开开心、解解闷儿。主持人 ××× 希望老年朋友多多关心这个节目，经常给我们提出宝贵意见。好了，在今天的这次节目里，我们要和您说说：老年朋友，请您跳跳焕发青春的健身舞。

在该则主持中，节目主持人巧妙地将稿件和即兴主持结合起来，既节约了思考的时间，又使节目主持表达到位，使整个节目的衔接自然、贴切。

例2 ★

下面是某电台一次《观众点歌台》节目的主持实况。

（即兴部分）

主持人（男）：各位听众，你们好！我们今天的《观众点歌台》节目又和大家见面了。主持人×××、×××代表《观众点歌台》的全体工作人员，向在收音机前收听我们节目的朋友们问好！在这中秋佳节即将到来的时刻，我们祝朋友们合家欢乐，过一个团圆、幸福、愉快的节日。

主持人（女）：俗话说“每逢佳节倍思亲”，在此时此刻，我们在《观众点歌台》节目中愿意为远离家乡、坚守岗位和在事业上奔波忙碌的朋友们提供服务。希望通过电波把您的一片真情，献给家乡和在异地学习、工作、生活的亲朋好友。

（热线电话）

主持人（男）：我是《观众点歌台》节目主持人×××。噢！是位小姐，您好！

××小姐：您是主持人×××先生？我很喜欢你们的点歌台节目。我想点播一首歌曲——《明明白白我的心》，献给我在上海市红霞公寓的外婆。

主持人（女）：（通过同一电话分机讲述）××小姐，您远离家乡，在千里之外还思念着亲人，我们满足您的要求。

主持人（男）：下面请喜欢这首歌的朋友们一起来欣赏。

（控制台放《明明白白我的心》磁带）

（来信部分）

主持人（女）：我们《观众点歌台》节目，在前几天收到了一封听众的来信，现在我把这封信念念——

“×××先生，×××小姐：您好！你们二位主持的节目，我们非常喜欢听，二位在节目里给人的印象是那样潇洒、自如，又那么亲切。……

（即兴部分）

主持人（男）：承蒙您过奖了。我们做得还很不够，希望大家多多提出宝贵意见。

（来信部分）

主持人（女）：下面我继续念观众来信。“我是守卫在祖国北部边疆某部的战士 ×××。我们这里虽然通过电波可以收听到你们电台的节目，但是如果在你们的节目进行当中再去打电话点播歌曲，是很不方便，所以我提前十几天写了这封信，我要点播电影插曲《敖包相会》，把我的爱奉献给我在浙江省杭州市拱辰桥综合商店工作的未婚妻 ××。

（即兴部分）

主持人（男）：看来我们这位战士是位很有心计的人，对事情安排得很周到。（唱“敖包相会”——“十五的月亮升上了天空呀，为什么旁边没有云彩……”）我唱得不好，还是请大家收听这首歌的录音带！

（控制台：放录音带）

这则栏目中，巧妙地把各种形式的参与方式结合在一起，通过来信、电话丰富了节目的内容，也为主持人的话题提供了广阔的平台。在此种栏目主持时，主持人可根据来信、来电的情况顺着听众的意思而发挥。“想听众之所想，说听众之想说”，顺着这一主持思路，自然也就能吸引场外听众，抓住听众的心。

例3

在节目主持中，对某一观点、论点、方法等着重或特别着重地提出来。这种方式的使用、运用，也可以采取对同一观点、论点、方法的重复来加以强调。

例如：

主持人：“今天我们请来了肿瘤学专家、医学院内科教授 ×× 老师，请他跟大家谈谈吸烟的危害。

××老师：吸烟不但对人体危害很大，还污染环境，从世界各国统计的数字表明，吸烟的人得肺癌的，要比不吸烟的多得多。在新加坡，禁烟工作搞得好，不但是许多公共场合不许吸烟，就是在大街上也不许吸烟。人们从小开始就养成了不吸烟的习惯，可是在我们国家，有一些中小学生就吸起烟来了，这对身心健康是很不利的。

主持人：青少年学生正在发育成长时期，吸烟会影响他们的健康成长，我们的学生家长和学校老师，应该加强管理，严禁中小学的学生吸烟。

上述对话中的主持人就是针对禁烟问题而展开。抓住节目主持中的重点，不计其余。

又如有些节目中，参与者有时会偏离话题或对问题难以深刻地陈述，甚至是忘词，忘记了某一重要内容，这就需要节目主持人头脑机智，灵活安排，机智地带动参与者围绕节目中心进行交谈，使节目中的话题重新转入正轨。

例如：

主持人：我是经济台《经济一刻钟》的主持人，我想请您谈谈当前的市场经济导向。

市经委主任：你是《经济日报》记者，是想谈谈市场经济的发展。

主持人：刚才我可能没说清楚，我是市经济台主持人，是请您来谈谈市场经济的导向。

又如：

特邀嘉宾：……我今天讲了食品卫生。啊啊……（忘词了，忘了下面的内容）

主持人：对！刚才防疫站食品检验所所长给大家讲了食品卫生。下面请他再给讲一讲怎样防止食品中毒。

范文

范文 1

婚礼中司仪的讲话

李　琛

女士们、先生们，各位来宾、各位朋友：

你们好！

在××与×××喜结良缘的大喜日子里，承蒙新郎、新娘双方家长的厚爱，我担任新婚庆典的主持人。自从这朵美丽的绢花戴在我胸前的时候，本司仪就走马上任了。首先我代表新郎、新娘及双方家长，向光临今天庆典的各位来宾，表示热烈欢迎。现在，我宣布，××与×××的新婚庆典正式开始。

新郎、新娘入场。（播放婚礼进行曲）

双方家长入座。

证婚人宣读结婚证书。

分别介绍新郎、新娘。（可灵活掌握）

今天是他们携手走向新的旅程的日子。八月的金秋，是天高气爽的时节，珍珠玛瑙般的果实遍布山川，遍布原野。这两位新人用爱耕耘着心田的土地，今天也在这里品尝着丰收的喜悦。可是坐在前面的双方的父母，他们用半生的经历哺育了他们的儿女，此时此刻，没有任何一件事能比自己的子女成家立业更让他们高兴了。在今天的大喜日子里，双方家长是什么样的心情呢？

下面请双方家长讲话。（家长讲话略）

为人父母者，无不把子女的快乐当作自己的快乐，无不以子女的幸福作为自己的幸福。今天双方家长坐在这里，他们那慈祥的笑容，完全表达

了他们现在的感受。各位来宾，你们给这对新人带来了良好的祝愿。我想在这种场合下，掌声是最好的方式。(全体鼓掌)掌声给这对新人带来了新生活的好运，那么这对新人用鞠躬礼对大家表示感谢。

一鞠躬，苍天为凭，你们的爱与日月同辉。

二鞠躬，大地为证，你们的情似江河奔腾。

三鞠躬，人心所向，你们的生活将如火如荼。

新郎、新娘，你们已经成人了，那么你们将如何对待你们的双亲呢？请新郎、新娘走下台阶，面向父母。

一鞠躬，养育之恩，终生无以为报。

二鞠躬，孝敬父母，晚辈理所应当。

三鞠躬，不当之处，还请多多包涵。

新郎、新娘回到台上，互赠礼物，互相鞠躬，喝交杯酒。干，肝胆相照。今天的新婚庆典就要结束了，下面请双方家长入席就座。在座的各位宾朋，把你们良好的祝愿放入你桌前的美酒中，下面开宴。

点评 ………………………………………………………… ★

这是一位担任婚礼司仪的同志在整个新婚庆典上的主持词。主持人依据婚礼的进程从各方面恰当地引出了婚礼各程序中的内容。从仪式开始，介绍新娘、新郎到总结双方父母的发言直至下面的一系列活动，主持人一直保持着高亢的情绪，把喜庆带给出席婚礼的每一个人。而且，主持人恰当地把握住了度，既体现了自己的位置，又没有使风头盖过婚礼的主体——新娘和新郎。

在用词方面，主持人没有按照传统用语，在继承前人模式的基础上运用了新的语言表达方式。如新人互拜时，“一鞠躬，苍天为凭，你们的爱与日月同辉。二鞠躬，大地为证，你们的情似江河奔腾。三鞠躬，人心所向，你们的生活将如火如荼”。同时，主持人还从整体把握，抓住时机用一句“我想在这种场合下，掌声是最好的方式”引出全场掌声，将喜庆气氛推向最高潮。

范文2

婚礼上主持人的演讲

张立颖

各位嘉宾：

你们好！在这春暖花开的日子里，一对春天的使者踏着婚礼进行曲向我们走来。新郎王明，英俊潇洒，现在大学任教；新娘柳梅，温柔漂亮，现在报社当编辑。他们在大学里同窗共读，相知相恋，今天终于走到一起，共同驾驶生活的航船。让我们祝福他们鸾凤和鸣，百年好合！

各位来宾都是这对新人的亲朋好友，每个人都在心中默默祝福：老一辈祝愿新郎新娘互敬互爱、白头偕老！中年人祝愿新郎新娘互相扶持，事业有成！青年人祝愿新郎新娘永结同心，幸福快乐！

新郎新娘深深感谢各位嘉宾的祝福，从今天起，他们将一起承担婚姻所赋予的神圣职责，携手同行，共创美好的明天！

新郎新娘对各位亲朋好友在百忙中光临婚礼，致以深深的谢意！祝各位嘉宾身体健康，万事如意！如有招待不周之处，请各位原谅，粗肴薄酒请各位嘉宾开怀畅饮。

让我们共同举杯。这第一杯酒，让我们祝新郎新娘在生活上恩恩爱爱，在事业上比翼齐飞！这第二杯酒，让我们祝双方父母健康长寿，从今天起他们又多了一位孝顺的儿子和女儿。这第三杯酒，祝今天光临的各位嘉宾事业蒸蒸日上，生活美满幸福！

点评

与前一篇主持词不同，该篇主持人的演讲是作为独立的一个程序而存在的。在该主持人的演讲中，主持人主要表达了对新人的祝福。此篇主持演讲词最具特色的地方就在于真实、简洁。全篇演讲词短短几百余字，找不到一丝矫揉造作的地方，每一个词、每一句话都是来自主持人的肺腑之言，这样的演讲词最具说服力和感染力，相信在场的新婚夫妇和各位出席婚礼的亲朋好友一定会有所感动。

| 集会主持类 |

范文

范文 1

今宵月正圆

——班级中秋联欢晚会主持人的讲话

李 娜

“举头望明月，低头思故乡。”同学们，听到这两句诗不要神伤，虽然我们因求学而无法与家人团聚，但你不觉得我们大家在一起共度这金秋佳节是何等的难得吗？今宵月正圆，我们的中秋联欢晚会就在这皎洁的月光中开始吧！

“每逢佳节倍思亲。”我知道同学们此时此刻都想与家人共赏明月，我的心里又何尝不闪动着妈妈的影子？但是，你瞧，妈妈的微笑不正在我们的身边吗？一年来，我们的老师犹如妈妈一样，无微不至地关怀着我们，同学们脸上幸福与自豪的笑容，已说明我们共有一个好妈妈。大家说，这中秋节的第一块月饼，应不应该献给我们敬爱的老师？

月亮是圆的，月饼是圆的，我们的班级更是一个“同心圆”。一年来，来自四面八方的同学用我们的爱心与信心共建了一个远近闻名的班集体，一个温馨的大家庭。在这个暖人的集体里，我们不仅汲取了丰富的知识，更使我们懂得了“团结就是力量”的真正含义。都是初次离家求学，我们学会了料理自己的日常生活，学会了互相帮助，了解了外面的世界，知道了友谊的崇高。相信我们今晚的联欢会一定会圆满成功！

同学们，良辰已至，下面请八仙过海，各显神通！

点评

中秋是思家的佳节，对于远离家人在异地求学的学子来说，佳节思亲的情绪尤甚。主持人抓住游子思乡的这一共同情感基调娓娓道来，从思念家人，想起妈妈，然后将话题引入尊敬老师，把中秋节的第一块月饼献给敬爱的老师。

然后顺题发挥，利用月饼的圆，月亮的圆，联想到班级的整体“同心圆”，倡议每个班级成员互相关心、互相帮助，用爱心构筑一个团结的班集体。

范文 2

毕业茶话会上主持人的讲话

尤　龄

唐代大诗人孟郊的著名诗篇《游子吟》大家还都记得吧？“慈母手中线，游子身上衣。临行密密缝，意恐迟迟归。谁言寸草心，报得三春晖。”

一首《游子吟》，勾起了我无限的联想：假如把母校老师们三年来对我们的亲切教诲比作一根闪光的柔韧的金线，那么，我们所学到的知识、增长的才干，就是用这根线编织成的温暖的护身衣。假如把我们的毕业比作即将开始的新的人生旅行，那么，领导和老师平时对我们的关怀和嘱咐，就是母校对我们未来事业的热切期望。假如把我们在座的全体同学比作小草，那么，党的十一届三中全会以来，发展成人教育的重大国策和各级领导为开办成人教育所做的努力，就是沐浴我们成长的春晖。所以，我们给这次茶话会取名为“报春晖”茶话会。现在，让我们为这次茶话会的召开，报以最诚挚、最热烈的掌声！

点评

主持人的讲话很有特色：用唐代大诗人孟郊的《游子吟》解读母校，母校老师就是爱子心切的慈母，而老师的亲切教诲就是慈母手中万缕千丝的缝衣线，毕业离校就是我们新的征程，我们辛勤的工作就是小草般对春晖的回报。

主持人说话的思路非常清晰，用一首诗把学生、老师、教育事业紧密相连，用慈母和游子间相互的爱，表达了学生对母校和老师的依赖以及母校和老师对学生的殷殷关切。